High Level
일본어 동사
200
【복합어편】

모세종 저

제이앤씨
Publishing Company

머리말

일본인의 말을 알아듣고 일본인처럼 글 쓰고 표현하는 능력을 갖추는 것이 일본어 공부의 최종 목표이다. 하지만 일본에 살지 않는 한 좀처럼 이루기 어렵다. 일본어는 한국어와 문법이나 단어의 의미 용법이 매우 비슷하여 비교적 쉽게 습득할 수 있는 언어라 일컬어지지만, 이는 곧 양 언어에 차이가 없을 것이라는 생각을 갖게 하여 오용을 낳게 하고, 표현에도 문맥에 안 맞는 어휘 선택으로 부자연스러운 일본어를 구사하게 한다.

문법 지식이 중요하지만, 결국 일본어를 잘하기 위해서는 어휘 능력이다.

문을 완성해주는 핵심 어휘는 동사이다. 동사를 바르게 이해하지 못하면 어떤 외국어도 제대로 구사할 수 없다. 동사를 모르면 문을 마칠 수도 없고 대화를 이어가기도 어려워 일본어 공부에서 동사의 비중은 무엇보다도 높다.

일본어의 동사는 한국어와 문법상의 역할이 거의 흡사하지만, 단어에 따라서는 의미뿐 아니라 용법상의 차이도 보여 사용에 주의할 점이 많다. 특히 고급 수준의 일본어를 구사하기 위해서는 한국어와 다르게 사용되는 동사를 바르게 이해해야 하는데, 의미는 한국어와 같아 보여도 장면에 따라 선택 여부가 달라지는 경우도 있어, 상황에 맞는 단어를 제대로 선택해 사용해야 한다.

문장체냐 회화체냐의 차이에, 여성어·남성어의 차이도 있고, 연령대에 따른 차이도 있으며, 시대에 따라, 지방에 따라 선택되는 어휘가 달라질 수 있는 만큼, 실제 상황을 통한 학습이 매우 중요하다. 즉, 용례를 통해 그 사용을 확인하는 것이 바른 일본어사용의 핵심이다. 단어의 의미를 바르게 이해할 수 있는 많은 예문을 통해 학습을 거듭하면, 자연스럽게 상황에 맞는 최적의 단어를 사용할 수 있게 된다.

일본 방송을 시청하면 뉴스 보도나 드라마 등 다양한 장르에 접할 수 있는데, 많이 공부했다고 자신하던 전문가의 어휘 능력에 한계를 느끼는 경우가 많다. **'아 저 상황에 저런 표현을 쓰는구나. 아 우리와 같이 저런 표현을 실제로 쓰는구나.'** 하고 느끼는 단어나 표현, 잘 모르고 있었거나, 일상에서 알아야 하는 많은 분야의 용어 등이 나오면 늘 메모하고 학습해야 한다.

본서는 일본 방송의 다양한 프로그램을 통해 수준이 높거나 중요한데 사용 빈도가 적어 쉽게 잊는 단어 중에서, 먼저 고급 수준의 일본어를 이해하고 구사하는데 필요한 난이도가 높은 복합어 200항목을 선별하여, 그 의미와 용법을 해당 예문과 함께 제시하여 구성하였다.

여러 품사의 단어가 동사와 결합하여 만들어진 복합어는 개별요소들의 의미를 반영하는 경우도 있지만 그렇지 않은 경우도 있어, 학습자들이 의미에 대한 이해 부족으로 적절히 사용하지 못하는 경우가 많다. 본서는 한국어 사전에 실린 의미에 일본어 사전의 해설과 각 예문에서 추론되는 의미를 더하여, 보다 정확하고 이해하기 쉬운 의미로 제시하였다.

복합어의 구성은 의미도 복합되어 있어 딱 맞는 한국어로 표현하기 어려운 경우가 많다. 가장 잘 어울리는 한국어로 표현하려 노력해도 적절하게 번역하기 어려운 부분이 있어 다소 어색한 표현이 되고 마는 경우도 있는데, 이는 번역이 참으로 쉽지 않다는 사실을 증명하는 것으로, 일본어의 단어 및 표현에 대한 바른 해석을 위해 깊은 연구가 필요함을 말해준다.

본서를 통해 일본어에 깊은 관심을 가진 학습자에게 어려운 일본어 동사를 바르게 학습할 수 있기를 기대하며, 향후 단일어 동사와 함께 타 품사에 대한 연구학습서 발간에도 힘을 기울일 생각이다.

2022.08.15.

저자 모세종

목차

001 　開け渡す

意　비워 주다, 넘겨주다, 명도하다.

用　開け渡すは '家や地位などから立ち退いてその場を他人に渡す'의 의미로, '家・土地・城を明け渡す', '政権・社長の座を明け渡す'처럼, 집을 비워주거나 지위 등을 타인에게 넘겨주는 경우에 사용한다.

例

❶ 兵糧攻めにあった城主は城を敵に開け渡して降伏することにした。
군량 공세를 만난 성주는 성을 적에게 넘겨주고 항복하기로 했다.

❷ 城を開け渡すまでの万般の事務は彼の指揮によって無事に終わった。
성을 비워주기까지의 만반의 사무는 그의 지휘에 따라 무사히 끝났다.

❸ 家を売る金は家をすっかり開け渡さないことには全額入らないわけです。
집을 파는 돈은 집을 완전히 비워주지 않고는 전액 들어오지 않습니다.

❹ 社宅は辞令が出た一週間後には次の人のために開け渡さなければならない。
사택은 발령이 난 일주일 후에는 다음 사람을 위해 비워 줘야 한다.

❺ 町の住人は町を開け渡す以外になす術もなく港の船舶数隻も上流に脱出した。
마을 주민은 마을을 비우는 이외에 할 방도가 없고 항구의 선박 수척도 상류로 탈출했다.

002 >>> 言い負かす　□□□□

意　말로써 상대방을 꺾다, 설복하다.

用　言い負かすは '言い争って相手に勝つ, 言い伏せる'의 의미로, '対象·相手を言い負かす'처럼, 말로 상대를 이기거나 설복하는 경우에 사용한다.

例

❶ 彼ならこういう時に相手を言い負かす技を心得ているんだろう。
　그러면 이럴 때 상대를 말로 꺾을 기술을 알고 있을 것이다.

❷ 私には先生を言い負かすだけの能力も学識もありはしなかった。
　나에게는 선생님을 말로 꺾을 만한 능력도 학식도 있지 않았다.

❸ 何言っても言い負かされるというか、反論すればするほど追い込まれていく。
　무슨 말을 해도 말로는 달린다고 할까, 반론하면 할수록 수세에 몰려간다.

❹ 完璧に言い負かすと後々面倒だから、少し逃げ道を残してやるくらいがちょうどいい。
　말로 완벽하게 꺾으면 두고두고 성가시니까 다소 도망갈 길을 남겨두는 정도가 딱 좋다.

❺ その議論はどこか奇妙なものであったが、私はだんだん言い負かされて旗色が悪くなった。
　그 토론은 어딘지 기묘한 것이었지만, 나는 점점 말이 밀려 형세가 좋지 않았다.

003 唲み合う

意 서로 으르렁거리다.

用 唲み合うた '① 獣が互いに噛みつこうとする ② 敵意を持って互いに争う'의 의미로, 짐승이 서로 으르렁거리거나, '細かいこと・お金のことで唲み合う'처럼, 어떤 일로 서로 다투는 경우에 사용한다.

例

❶ 重要な点で一致したのなら、細かいことでは唲み合うな。
중요한 점에서 일치했다면 자잘한 일로는 으르렁거리지 마.

❷ わずかのお金のことで唲み合うなんて、恥ずかしいことだ。
얼마 안 되는 돈 문제로 으르렁거리다니 부끄러운 일이다.

❸ 味方同士で唲み合うのは敵をますます有利にするだけだ。
아군끼리 으르렁거리는 것은 적을 더욱더 유리하게 할 뿐이다.

❹ 唲み合いながら一緒に暮らすくらいなら、別れた方がずっとよいのだ。
서로 으르렁거리면서 함께 사는 정도라면 헤어지는 편이 훨씬 낫다.

❺ たった一瞬で全てはバラバラに散らばり、唲み合う状況になってしまった。
단 한 순간에 모든 것은 산산이 흩어져 서로 으르렁거리는 상황이 되어 버렸다.

004 >>> 生き長らえる □□□□

意 오래 살다, 살아남다, 생존하다.

用 生き長らえる는 'この世に長く生き続ける'의 의미로, 어떤 상황에서 오래 살아남거나 연명하거나 죽지 않고 살아남는 경우에 사용한다.

例

❶ 相手を殺すことで生き長らえる獣の生涯だ。
상대를 죽이는 일로 살아남는 짐승의 생애이다.

❷ まだ息絶えてはいないが、もはや生き長らえることはかなわない。
아직 숨이 끊어지고는 있지 않지만, 이미 살아남는 것은 어렵다.

❸ 恥をさらして生き長らえるよりも死が美徳とされていたからであろう。
수치를 드러내고 살아남는 것보다도 죽음이 미덕으로 여겨졌기 때문일 것이다.

❹ 巧みに主題をすり替えることで生き長らえる本物の悪党とは、こんな奴だ。
교묘히 주제를 슬쩍 바꾸는 일로 살아남는 진짜 악동은 이런 녀석이다.

❺ 将帥は部下たちに生き長らえるよう命じた上で自らは最後まで戦い、戦死した。
장수는 부하들에게 살아남으라고 명한 뒤 자신은 최후까지 싸워 전사했다.

005 いきり立つ

意 격분하다, 흥분하다.

用 いきり立つ는 '怒って興奮する, 猛り立つ'의 의미로, 곰 등의 동물이 흥분하거나 사람이 어떤 상황에 대해 심하게 화내며 흥분하거나 격분하는 경우에 사용한다.

例

❶ 猟犬に吠えたてられた熊はますますいきり立った。
사냥개에게 짖으며 내몰린 곰은 더욱더 흥분했다.

❷ 横綱の連敗にいきり立った観衆が座布団を投げ始めた。
横綱(천하장사)의 연패에 흥분한 관중이 방석을 던지기 시작했다.

❸ 少年は自分の正義感を非難され、いきり立って反駁した。
소년은 자신의 정의감을 비난받아 격분하며 반박했다.

❹ 野次られていきり立ったプレイヤーは、いきなり観衆に球を投げつけた。
야유를 당해 흥분한 플레이어는 갑자기 관중에게 볼을 내던졌다.

❺ 友人は気の強い人であったし、潔癖な質なので、いきり立って反論した。
친구는 성격이 센 사람이었고 결벽한 성질이어서 격분하며 반론했다.

意 버티고 앉다, 머물러 앉다, 눌러 앉다.

用 居座る는 '座ったまま動かない, 同じ地位·位置などにとどまって動かない'의 의미로, 남의 집에 눌러앉거나 어떤 지위에 버티고 앉아 있거나 무언가가 안에 머물고 있는 경우에 사용한다.

例

❶ 辞任の要求を無視して委員会はその地位に居座っている。
사임 요구를 무시하고 위원회는 그 지위에 버티고 앉아 있다.

❷ 彼はそのままわが家に居座り、勝手に居候を決め込んでいた。
그는 그대로 우리 집에 눌러앉아 제멋대로 식객을 자처하고 있었다.

❸ 客でもないのに店に居座られては迷惑なので、僕は彼を追い出した。
손님도 아닌데 가게에 눌러앉아서는 방해가 되어 나는 그를 내쫓았다.

❹ 心の中にずっと居座っていた大きな氷が徐々に解けていくような感じがした。
마음속에 쭉 눌러앉아 있던 큰 얼음이 서서히 녹아가는 듯한 느낌이 들었다.

❺ 太平洋岸に居座っている低気圧の影響で、この二三日ぐずついた天気が続いている。
태평양 연안에 머물고 있는 저기압의 영향으로 최근 이삼일 우중충한 날씨가 계속되고 있다.

007　入り組む

> **意**　얽혀 복잡해지다, 뒤섞이다.

> **用**　入り組むと'物事が複雑に絡み合う, 入り込む'의 의미로, 사물이나 상황 등이 복잡하거나 뒤섞이는 경우에 사용한다.

例

❶ そこは実に入り組んでいて、迷子になるには絶好の山だった。
거기는 실로 복잡해서 미아가 되기에는 절호의 산이었다.

❷ 簡単に明瞭にされ得ない入り組んだ事情も伏在しているわけだろう。
간단히 명료하게 될 수 없는 복잡한 사정도 잠재하고 있을 것이다.

❸ 西の海岸線は入り組んだ岩場が多く、岬や入江をいくつも作っている。
서쪽 해안선은 복잡한 바위 터가 많고 곶이나 입구를 여럿 만들고 있다.

❹ 枝がいくつも入り組んでいて、茶褐色の林の地面に濃い影を落としていた。
가지가 여럿 뒤얽혀 있어 차갈색 숲의 지면이 짙은 그림자를 드리우고 있었다.

❺ 入り組んだ小さな通りを歩いていると、見当をつけた方向が分からなくなってきた。
복잡하게 얽힌 작은 길을 걷고 있는데, 예상했던 방향을 알 수 없게 되었다.

008 >>> 入り乱れる □□□□

意 혼잡하다, 뒤섞이다, 뒤범벅이 되다.

用 入り乱れる는 '多くのものが秩序なく混じり合う'의 의미로, '敵味方が/卍巴に入り乱れて戦う(서로 어지러이 뒤섞여 싸우다)', '諸説入り乱れる(여러 설이 분분하다)'처럼, 사람이나 감정, 물건 등이 뒤섞이는 경우에 사용한다. '両チーム入り乱れての混線(양 팀이 뒤섞인 혼전)'처럼 사용하기도 한다.

例

❶ 彼の顔は妙な感情の入り乱れた表情をして引き攣っていた。
그의 얼굴은 묘한 감정이 뒤섞인 표정을 하고 경직되어 있었다.

❷ 入り乱れる複数の足音と誰かが揉み合う音がおれの耳を撃った。
뒤섞인 복수의 발소리와 누군가가 다투는 소리가 내 귀를 울렸다.

❸ 直後に始まったのは敵も味方も定かではない入り乱れた争いだった。
직후에 시작된 것은 적도 아군도 확실치 않은 뒤범벅이 된 싸움이었다.

❹ 私はこもごも入り乱れる説明しようのないさまざまな感情を持つようになった。
나는 번갈아 복잡한 설명할 수 없는 여러 감정을 갖게 되었다.

❺ 私は燃えるような好奇心と強迫的な運命感の熱っぽく入り乱れる気持に捕らわれた。
나는 타오르는 듯한 호기심과 강박적인 운명감이 뜨겁게 얽혀있는 기분에 사로잡혔다.

009 受け合う

意 책임지고 맡다, 보증하다.

用 受け合うは '① 責任を持って引き受ける ② 保証する'의 의미로, '協力を受け合う, 品物を受け合う'처럼, 무언가를 떠맡거나 물건을 보증하는 경우에 사용한다.

例

❶ その仕事は頼まれて不承不承に受け合ったのである。
그 일은 부탁받아 어쩔 수 없이 맡은 것이다.

❷ 切れぬことがあるか、何でも切ってみせると受け合った。
자르지 못할 것이 있을까, 무엇이든 잘라 보이겠다고 약속했다.

❸ 彼が信用できる人物であることは親友である僕が受け合う。
그가 신용할 수 있는 인물이라는 것은 친구인 내가 보증한다.

❹ ぼくが相談を持ちかけると、彼は喜んで力になるよと受け合ってくれた。
내가 상담을 꺼내들자 그는 기꺼이 힘이 되겠다며 맡아 주었다.

❺ いったん頼まれて受け合ったことなら、どんなことがあってもやるだけのことはやらねばなるまい。
일단 부탁받아 떠맡은 것이라면 어떤 일이 있어도 할만큼의 일은 해야 할 것이다.

010 受け流す

意 받아넘기다(공격해온 칼을 받아 피하다. 건성으로 적당히 다루다), 받은 술잔을 마시지 않고 얼버무려 잔을 비우다.

用 受け流す는 '① 切り込んできた刀を軽く払ってかわす ② まともに取り合わないで適当にあしらう'의 의미로, '剣・攻撃・質問・視線・挨拶・言葉・不平を受け流す(검・공격・질문・시선・인사・말・불평을 받아 넘기다)', '軽く・笑って受け流す(가볍게・웃으며 받아넘기다)'처럼, 무언가의 대상이나 대상을 어떤 상태 등으로 받아넘기는 경우에 사용한다.

例

❶ 自分からは仕掛けず、相手の攻撃をただ受け流していた。
내 쪽에서는 공격하지 않고 상대 공격을 그저 받아넘기고 있었다.

❷ 警察の必死の捜査を受け流すことはとても不可能に思える。
경찰의 필사적인 수사를 받아넘기는 것은 전혀 불가능으로 생각된다.

❸ 剣は受け流すものだが、盾は受け止めることを第一に考えた方がいい。
검은 받아넘기는 것이지만, 방패는 받아내는 것을 제일로 생각하는 편이 좋다.

❹ 酒場の男は客にどんな無理を言われても、笑って受け流すのが役目だった。
술집 남자는 손님이 어떤 무리한 말을 해와도 웃으며 받아넘기는 것이 역할이었다.

❺ 彼女は適当に挨拶を受け流しながら、お茶受けの干菓子を口に運んでいる。
그녀는 적당히 인사를 받아넘기면서 차 접시의 과자를 입에 넣고 있다.

011　渦巻く（うずまく）

意　소용돌이 치다.

用　渦巻く（うずま）くは '① 水流（すいりゅう）や機体（きたい）が螺旋（らせん）の形（かたち）を作（つく）って回（まわ）る ② 渦（うず）に似（に）た形（かたち）を作（つく）って激（はげ）しく回（まわ）る ③ 感情（かんじょう）などが激（はげ）しく入（い）り乱（みだ）れる'의 의미로, 물의 흐름이나 기체 또는 사람들이 소용돌이처럼 돌거나 감정 등이 복잡하게 얽히는 경우에 사용한다.

例

❶ 血（ち）と熱（ねつ）と煙（けむり）が渦巻（うずま）く背後（はいご）の戦場（せんじょう）が夢（ゆめ）だったのではないかとさえ思（おも）われる。
피와 열기와 연기가 소용돌이치는 배후의 전쟁터가 꿈이었던 것이 아닌가라고 생각된다.

❷ この地図（ちず）には渦巻（うずま）く波（なみ）を蹴立（けた）てて航海（こうかい）している帆船（はんせん）の絵（え）が描（か）き入（い）れられている。
이 지도에는 소용돌이치는 파도를 일으키며 항해하고 있는 범선의 그림이 그려넣어져 있다.

❸ 堤防決壊（ていぼうけっかい）と同時（どうじ）に渦巻（うずま）く濁流（だくりゅう）がどっと流（なが）れ込（こ）み一瞬（いっしゅん）にして市内（しない）は泥海（どろうみ）と化（か）した。
제방 붕괴와 동시에 소용돌이치는 탁류가 물밀듯 흘러들어와, 일순간에 시내는 진흙 바다로 변했다.

❹ たどり着（つ）いた丘（おか）の上（うえ）からは町中（まちじゅう）が火（ひ）に包（つつ）まれ、炎（ほのお）が渦巻（うずま）く恐（おそ）ろしい光景（こうけい）が眺（なが）められた。
당도한 언덕 위로부터는 온마을이 불에 휩싸여 불꽃이 소용돌이치는 무서운 광경이 펼쳐졌다.

❺ 抗議集会（こうぎしゅうかい）の会場（かいじょう）では遺族（いぞく）に対（たい）する会社側（かいしゃがわ）の冷（つめ）たい態度（たいど）に対（たい）し、不満（ふまん）が渦巻（うずま）いていた。
항의 집회장에서는 유족에 대한 회사 측의 차가운 태도에 대해 불만이 들끓고 있었다.

012 >>> 打ち消す

意 부정하다, 지우다.

用 打ち消す는 '① そうでないと言う, 否定する ② ある物事がその判断が間違いで あったことをはっきりと示す ③ 消し去る'의 의미로, 그렇지 않다고 부정하거나 판단 착오임을 확실히 제시하거나 '消す(지우다)'를 강하게 말하는 경우에 사용한다.

例

❶ 彼らの喘ぎは近づいてくる列車の音に打ち消されていた。
그들의 힘들어하는 숨소리는 다가오는 열차 소리에 지워지고 있었다.

❷ その選手は記者の質問に対し、引退の噂を強く打ち消した。
그 선수는 기자의 질문에 대해 은퇴 소문을 강하게 부정했다.

❸ 彼の頭の中には打ち消すことのできない印象が刻み込まれていた。
그의 머릿속에는 부정할 수 없는 인상이 각인되어 있었다.

❹ この薬は一錠飲むだけで脳の中の悲しみのもとになる物質を打ち消 してしまう。
그 약은 한 알 먹는 것만으로 뇌 속의 슬픔의 근원이 되는 물질을 지워버린다.

❺ 患者の不安を打ち消すように、その医者は明るい声で、大丈夫で すよ、と言った。
환자의 불안을 지우듯이 그 의사는 밝은 목소리로 '괜찮습니다'라고 말했다.

― 013 〉〉〉 打ち解ける

意 녹다, 마음을 터놓다, 격의없이 사귀다.

用 打ち解ける는 '心の隔てがなくなって親しむ'의 의미로, 마음이나 기분이 편해져 스르르 녹거나 경계심을 풀고 격의 없이 친하게 대하는 경우에 사용한다.

例

❶ お酒を一杯飲んだら、緊張が解れ、気分が打ち解けてきた。
술을 한 잔 마시자 긴장이 풀려 기분이 녹아 왔다.

❷ 入学して一か月、クラスの中もすっかり打ち解けた雰囲気である。
입학하고 1개월, 클래스 안도 완전히 스스럼이 없어진 분위기이다.

❸ 同窓会では打ち解けたおしゃべりに花が咲き、あっという間に時が過ぎた。
동창회에서는 허물없는 수다에 꽃을 피워 순식간에 시간이 지나갔다.

❹ 転校して来てしばらくは方言に馴染めず、山の子たちとも打ち解けられなかった。
전학해오고 얼마간은 방언에 익숙지 않아 산촌 아이들과도 친해질 수 없었다.

❺ 人見知りをして泣いていた子も一時間もすると、僕の膝の上に乗ってくるほど心が打ち解けた。
낯을 가려 울던 아이도 한 시간 정도 지나자, 내 무릎 위에 올라올 정도로 마음이 풀어졌다.

014 ▶▶▶ 打ちのめす

意　때려눕히다, 큰 타격을 주다, 큰 차로 이기다.

用　打ちのめす는 '① 相手が立てなくなるほど激しく殴る ② 立ち直れなくなるほど大
きな打撃を与える'의 의미로, 일어서지 못할 정도로 심하게 때리거나 재기할 수 없을
정도로 큰 타격·고통·피해 등을 주는 경우에 사용한다.

例

❶ 今度の試験では散々に打ちのめされた。
이번 시험에서는 아주 크게 쓴맛을 보았다.

❷ 相手を暴力で打ちのめすなんてことは賢い人間のやることではない。
상대를 폭력으로 때려눕히는 따위의 일은 현명한 인간의 할 일이 아니다.

❸ ぼくは一瞬ついに感応力をなくしたのだという衝撃に打ちのめさ
れた。
나는 순간 그만 감응력을 잃은 것이다 라는 충격에 큰 타격을 받았다.

❹ 若き日、人に裏切られた悲しみに打ちのめされて苦しんだことも
あった。
젊은 날 남에게 배신당한 슬픔에 큰 고통을 받아 괴로워한 적도 있었다.

❺ 度重なる災害に打ちのめされた農民たちは容易に立ち直れそうもな
かった。
거듭되는 재해에 큰 타격을 받은 농민들은 쉽게 재기할 것 같지도 않았다.

015　移(うつ)り住(す)む

[意]　이주하다, 옮겨 살다.

[用]　移り住(うつ)む는 '他(た)の土地(とち)に住(す)まいを移(うつ)す'의 의미로, '옮겨와 살다'라는 의미의 복합어로, 한국어에서는 한자어인 '이주하다'를 주로 사용하는데, 일본어에서는 한자어인 '移住(いじゅう)する'와 함께 고유어인 '移(うつ)り住(す)む'를 함께 사용한다.

[例]

❶ この村(むら)の人(ひと)や自然(しぜん)が気(き)に入(い)って都会(とかい)から移(うつ)り住(す)む作家(さっか)が多(おお)い。
이 마을 사람들과 자연이 마음에 들어서 도회에서 이주하는 작가가 많다.

❷ 店舗(てんぽ)と兼用(けんよう)していた住宅(じゅうたく)も後(あと)に別(べつ)の地所(じしょ)に家(いえ)を建(た)てて移(うつ)り住(す)んだ。
점포와 겸용하고 있던 주택도 후에 다른 곳에 집을 지어 이주했다.

❸ 平和裡(へいわり)に旅(たび)するものや移(うつ)り住(す)むものはその地(ち)を避(さ)けるよう警告(けいこく)される。
평화리에 여행하는 자나 이주하는 자는 그 지역을 피하도록 경고 받는다.

❹ 初代(しょだい)は一族(いちぞく)を連(つ)れて関西(かんさい)の方(ほう)からこの地(ち)に移(うつ)り住(す)み農業(のうぎょう)を営(いとな)んでいた。
초대는 일족을 데리고 관서 쪽에서 이 땅으로 이주하여 농업을 영위하고 있었다.

❺ 工場(こうじょう)では労働者(ろうどうしゃ)が必要(ひつよう)になり、地方(ちほう)から都市(とし)に多(おお)くの人々(ひとびと)が移(うつ)り住(す)んだ。
공장에서는 노동자가 필요하게 되어 지방에서 도시로 많은 사람들이 이주했다.

016　追い返す

意　물리치다, 냉담하게 돌려보내다, 쫓아보내다.

用　追い返す는 'やってきた者を追い立てて元へ返らせる, 追い戻す'의 의미로, '敵を追い返す(적을 물리치다)', '無下に追い返す(냉정하게 돌려보내다)'처럼, 적을 물리치거나 사람을 쫓아 돌려보내거나 하는 경우에 사용한다.

例

❶ 実家は罪人の妻や子を家に入れるわけにはいかないと追い返した。
친정은 죄인의 처와 아이를 집에 들일 수는 없다고 돌려보냈다.

❷ その侵入する敵軍を追い返すべき軍備は仏蘭西にはないのであった。
그 침입하는 적군을 물리쳐야 할 군비는 프랑스에는 없었다.

❸ 追い返されそうになっても話ができるようになるまで家の前を動かない。
쫓겨나게 될 것 같아도 이야기가 되게 될 때까지 집 앞을 움직이지 않는다.

❹ 作家一家の顔を見るなり追い返さなければならなかった親戚も不幸である。
작가 일가의 얼굴을 보자마자 돌려보내야 했던 친척도 불행하다.

❺ 先方の話も聞かず一方的に訪れた関係者たちを次々と追い返してしまう。
상대 이야기도 듣지 않고 일방적으로 방문한 관계자들을 연이어 돌려보내 버린다.

017 >>> 追い込む

意 몰아넣다, 내몰다, 빠트리다, 마지막 단계에서 전력을 다하다, 잇대어 짜다.

用 追い込むは '① 回りを閉ざしてある場所や状態にしか行き場がないようにする, 追い詰める ② 最終段階に入り全力を尽くす, 追い込みをかける ③ 印刷の組み版で行やページを改めずに前行や前ページに続けて文字を組む'의 의미로, '鶏を小屋に追い込んだ(닭을 닭장에 몰아넣다)', '塗炭の苦しみに追い込む(도탄에 빠트리다)', '危機·窮地に追い込まれる(위기·궁지에 내몰리다)'처럼, 동물을 우리에 몰아넣거나 어려운 상황에 빠트리거나 마지막에 남은 힘을 다하거나 하는 경우에 사용한다.

例

❶ 羊や牛の群を納屋に追い込もうとしていたのを思い出した。
양과 소의 무리를 우리에 몰아넣으려고 했던 것을 떠올렸다.

❷ 私をこのような破目に追い込んだ何者かに烈しい怒りを感じた。
나를 이와 같은 처지로 내몬 누군가에 격한 분노를 느꼈다.

❸ 下克上をほしいままにして国家を危機に追い込んだのはだれだ。
하극상을 원하는 대로 보이며 국가를 위기에 빠트린 것은 누구냐?

❹ 私が至らぬばかりに全員がこんな窮地に追い込まれてしまったのだ。
내가 부족했기 때문에 전원이 이런 궁지에 내몰려버린 것이다.

❺ 場合によっては辞任せざるを得ない立場に追い込まれるかも知れない。
경우에 따라서는 사임하지 않을 수 없는 입장에 몰릴지도 모른다.

018 　追い付く　□□□□

意　따라붙다, 따라잡다, 도달하다.

用　追い付くは '① 後から追い掛けて先に行った者の所に行き着く ② 相関関係にあるものの一方が他方を追い掛けて釣り合いのとれた関係で並ぶ ③ 先行しているものや目標としているものと同じ水準に達する'의 의미로, '人を追い付いて追い越す(사람을 따라잡아 추월하다)', '供給が需要に追い付かない(공급이 수요를 따라가지 못하다)'처럼, 뒤쫓아 따라붙거나 수준을 따라잡아 도달하는 경우에 사용한다.

例

❶ 追い付くことはできないが、歩いてしまえば差は広がるばかりだ。
따라잡을 수는 없지만, 걷는다면 차는 벌어질 뿐이다.

❷ 罠かもしれないが、このまま逃げていても追い付かれるような気がした。
함정일지도 모르지만, 이대로 도망해있어도 따라잡힐 듯한 느낌이 들었다.

❸ あの男なら、たとえどんな障害があっても必ず自分に追い付いてくるはずだ。
저 남자라면 설령 어떤 장애가 있어도 반드시 자신을 따라붙어 올 것이다.

❹ 敵との間にかなりの距離があったが、いつ追い付かれるかの不安があった。
적과의 사이에 커다란 거리가 있었지만 언제 따라잡힐지 하는 불안이 있었다.

❺ 市の急速な人口拡大によって道路とインフラの能力が追い付かなくなった。
시의 급속한 인구 확대에 따라 도로와 인프라 능력이 따라가지 못하게 되었다.

019 追い詰める

意 막다른 곳에 몰아넣다, 궁지로 내몰다, 바싹 추궁하다.

用 追い詰める는 '逃げ場のないところまで追い込む, ぎりぎりのところまで追求する'의 의미로, '袋小路に追い詰める(막다른 골목으로 몰아넣다), 犯人に追い詰める (범인으로 내몰다), 窮地·育児ノイローゼに追い詰められる(궁지·육아 노이로제에 내몰리다)'처럼, 어려운 상황으로 내몰거나 바싹 추궁하거나 하는 경우에 사용한다.

例

❶ 追い詰めて恥をかかせるよりも黙ってやり過ごす方がいいこともある。
궁지에 몰아 창피를 주는 것보다도 조용히 보내는 편이 좋을 때도 있다.

❷ 家業がかなり追い詰められている気配はその後ひしひしと伝わってきた。
가업이 꽤 막다른 골목에 몰리고 있는 느낌은 그 후 바싹바싹 전해져 왔다.

❸ 自分が徐々に逃げ場のない袋小路に追い詰められているような気がした。
자신이 서서히 도망갈 곳이 없는 궁지에 내몰려있는 듯한 느낌이 들었다.

❹ 自分の魂をどれだけハングリーな状態に追い詰められるかの問題なのだ。
자신의 혼을 얼마만큼 빈곤한 상태로 몰아넣을 수 있을까의 문제이다.

❺ 私は警察が略奪者を、他の通りに通じるコーナーへ追い詰めるのを見た。
나는 경찰이 약탈자를 다른 길에 통하는 코너로 몰아넣는 것을 보았다.

020 ﹥﹥﹥ 追い抜く

| 意 | 앞지르다, 추월하다, 나아지다. |

用　追い抜くは '①先行するものに追い付いて前に出る, 追い越す, 抜かす ②劣っているものが上位者に追い付いて上に立つ'의 의미로, '先頭·競争相手を追い抜く (선두·경쟁상대를 앞지르다)'처럼, 무언가를 따라잡아 추월하거나 능력 등이 상대보다 더 나아지는 경우에 사용한다.

例

❶ その辺りで二台の自動車が弟を追い抜いていった。
이 부근에서 두 대의 자동차가 동생을 앞질러 갔다.

❷ 前を走っていた車を追い抜き、またすぐ同じ車線に戻る。
앞을 달리고 있던 차를 추월하여 또 바로 같은 차선으로 돌아왔다.

❸ 後ろから来て彼らを追い抜きながら、一層元気に談笑して足を速めてゆく。
뒤로부터 와 그들을 앞지르면서 한층 힘차게 담소하며 걸음을 서둘러간다.

❹ 早く発って、朝早く出かけた運送屋の荷車の何台かに追いつき、追い抜く。
빨리 출발하여 아침 일찍 나간 운송회사의 짐차 몇 대인가를 따라붙어 앞지른다.

❺ 歌舞伎座が跳ねたのか、二人の傍を人だの車だのが流れるように追い抜いていく。
歌舞伎座가 끝났는지 두 사람의 옆을 사람과 자동차가 흘러가듯이 추월해간다.

021 追いやる

意 쫓아내다, 밀어내다, 밀어 넣다.

用 追いやる는 '① 追い立ててその場から去らせる ② 不本意な状態に追い込む'의
의미로, '路頭に追いやる(길거리로 내쫓다)', '本社から追いやられる(본사에서 밀
려나다)'처럼, 사람을 쫓아내거나 원치 않는 상황으로 밀어 넣는 경우에 사용한다.

例

❶ このことをマスコミに発表されると、彼は困った立場に追いやられる。
이것을 매스컴에 발표하면 그는 곤란한 상황에 몰린다.

❷ おそらく今でも読まれないまま机の隅にでも追いやられているのだ
ろう。
아마 지금도 읽히지 않은 채 책상 구석에라도 밀려나 있을 것이다.

❸ 真実を証言するということは、それほど人を苦痛に追いやるものな
のか。
진실을 증언한다는 것은 그만큼 사람을 고통으로 밀어 넣는 것인가?

❹ 僅かに一枚のカードの差が、決定的な敗北へと自分を追いやって
いる。
불과 한 장의 카드 차이가 결정적인 패배로 자신을 밀어 넣고 있다.

❺ 何とかして他人を不幸や悲劇の方へ追いやろうと苦労している人間
もある。
어떻게든 타인을 불행이나 비극 쪽으로 내몰려고 고생하고 있는 인간도 있다.

022 ≫≫ 押し流す

意 흘려보내다, 떠내려가게 하다.

用 押し流す는 '① 水流の激しい勢いで物を運び去る ② 時勢や感情など, 意のままにならない強い力が動かす'의 의미로, '洪水で橋が押し流される(홍수로 다리가 떠내려가다), 時代の波に押し流される(시대의 물결에 떠밀리다)'처럼, 급류 등에 떠내려가게 하거나 어쩔 수 없는 흐름이 떠밀거나 하는 경우에 사용한다.

例

❶ 時間は悪意を剥き出しぼくを先へ先へと押し流すのだ。
시간은 악의를 드러내 나를 앞으로 앞으로 밀어 내보낸다.

❷ 何もできず、少年を抱えたまま、母は土砂に押し流された。
아무것도 할 수 없고 소년을 안은 채 어머니는 토사에 떠내려갔다.

❸ 品物を担いでいるので、背の汗に押し流されて酔いもさめた。
물건을 짊어지고 있어서 등의 땀에 밀려내려 와 취기도 깼다.

❹ 自分を捕まえて、押し流していく運命の不思議さを彼は思った。
자신을 붙잡고 떠밀어가는 운명의 이상함을 그는 생각했다.

❺ 激流のような運命に押し流されて、目まぐるしくすべてが変わってしまった。
격류와 같은 운명에 떠밀려 눈이 어지럽게 모두가 변해버렸다.

023 誘き出す/誘き寄せる

意 꾀어내다, 유인해내다.

用 誘き出す/誘き寄せる는 '騙して誘い出す/騙して近くに来るようにさせる'의 의미로, '囮りを使って誘き出す(인질을 써서 유인해 내다), 餌を撒いておびき寄せる(먹이를 뿌려 유인하다)'처럼, 대상을 속여서 꾀어내거나 유인하는 경우에 사용한다.

例

[誘き出す]

❶ 問題は、マシンがある部屋から彼をどうやって誘き出すかだ。
문제는 기계가 있는 방에서 그를 어떻게 유인해내는가이다.

❷ 本陣の中にいるかも知れない信玄を誘き出したい気持ちであった。
본진 안에 있는 지도 모르는 信玄을 유인해내고싶은 기분이었다.

❸ やつはおれを誘き出して一か八かの勝負を挑み掛けようとしているのだ。
녀석은 나를 꾀어내 죽느냐 사느냐의 승부를 걸어오려고 하고 있다.

❹ 今までは害のない会話をして誘き出すパターンだったのに、今回は会話がない。
지금까지는 해가 없는 대화를 해서 꾀어내는 패턴이었는데 이번에는 대화가 없다.

❺ おれはあの黒豚どもを、この城の別な方向に誘き出し、そこで食い止めておく。
나는 저 흑돼지들을 이 성의 다른 방향으로 유인해내 거기에서 숨통을 끊어놓겠다.

[誘き寄せる]

❶ あの敵軍は我々を誘き寄せるための罠だったに違いない。

저 적군은 우리를 유인해내기 위한 함정이었음에 틀림없다.

❷ 敵を誘き寄せるために、特にここを選んで陣を布いたのだ。

적을 유인해오기 위해 특별히 이곳을 골라 진을 친 것이다.

❸ ただ君をここへ誘き寄せるために、ちょっと道具に使っただけだ。

그저 너를 여기로 유인해오기 위해 잠시 도구로 쓴 것뿐이다.

❹ 彼女を囮に、ぼくを誘き寄せ、この橋の下を処刑場にする腹だったのだ。

그녀를 먹이로 나를 유인해와 이 다리 밑을 처형장으로 할 심산이었다.

❺ むろんあれも、君を部屋の中へ誘き寄せるための奇抜な手立てだったのだ。

물론 그것도 너를 방안으로 유인해오기 위한 기발한 수단이었다.

024 　思い立つ

意 마음먹다, 결심하다, 계획하다.

用 思い立つ는 'あることをしようという気持ちを起こす'의 의미로, 무슨 일을 하려는 생각을 일으키는 경우에 사용한다.

例

❶ 自転車で近所をぶらりと散歩しようと思い立って身支度を整え始めた。
자전거로 근처를 가볍게 산책하려고 마음먹고 갖춰야 할 준비를 시작했다.

❷ 朝あまり天気が朗らかであったので急に思い立って出かけることにした。
아침에 너무나 날씨가 좋았기 때문에 급히 결심하여 외출하기로 했다.

❸ 私も逃避のための小説を書こうと思い立ってこの物語を書いたのだった。
나도 도피를 위한 소설을 쓰려고 마음먹고 이 이야기를 쓴 것이다.

❹ より多くの人に伝えることのできる方法を求めて漫画の制作を思い立った。
보다 많은 사람에게 전달할 수 있는 방법을 찾아 만화 제작을 결심했다.

❺ 私が大学で哲学を専攻しようと思い立ったのは一冊の書物のせいだった。
내가 대학에서 철학을 전공하려고 결심한 것은 한 권의 책 탓이었다.

―025 >>> 思い詰める
おも　　つ

意 외곬으로 깊이 생각하며 괴로워하다, 한결같이 생각하다.

用 思い詰めるは 'そのことだけを深く思い込んで苦しむ'의 의미로, '思い詰めたあげ
く自殺する(너무 괴로운 나머지 자살하다), 一途に・一筋に思い詰める(외곬으로 생
각하다), 思い詰めた表情(시름에 잠긴 표정)'처럼, 어떤 일만을 깊이 생각하여 괴로
워하는 경우에 사용한다.

例

❶ それには青少年たちの思い詰めた願いと叫びとがこめられていた。
그에는 청소년들의 고뇌에 찬 소망과 절규가 담겨져 있었다.

❷ おれの心中を察したのか、彼は思い詰めたような声と表情で続
けた。
내 마을 속을 알아챘는지 그는 깊이 생각한 듯한 목소리와 표정으로 계속했다.

❸ 昨日からここに来るかどうか思い詰めるあまり一睡もしていなかった
のだ。
어제부터 여기에 올지 말지 골똘히 생각한 나머지 한숨도 자지 못했다.

❹ ここへ来るまで思い詰めて必死で抵抗したことが嘘のように哀れな
姿だ。
여기에 오기까지 괴로워하며 필사적으로 저항했던 일이 거짓말처럼 가련한 모습이다.

❺ 彼女は長く重たい髪と大きな瞳で思い詰めたように一点を見つめて
いた。
그녀는 길고 무거운 머리와 큰 눈동자로 골똘히 생각하는 듯이 한 점을 응시하고 있었다.

026 折り込む / 織り込む

| 意 | 접어 넣다, 끼워 넣다, 섞어 넣어 짜다, 집어넣다. |

| 用 | 折り込む(①②)/織り込む(③④)는 '① 中の方へ折り曲げる ② 折って他の物の間に入れる ③ 模様などを作るために地を織る糸の中に別の系統の糸を組み入れる ④ ある物事に別の物事を組み入れる'의 의미로, 안으로 접어 올리거나 종이를 사이에 끼워 넣는 경우와 실을 짜 넣거나 무언가를 섞어 넣는 경우에 사용한다. |

例

❶ わが国の憲法にも明らかに色合いの違った布が折り込まれている。

우리나라의 헌법에도 분명히 색채가 다른 천이 짜 넣어져 있다.

❷ スタジオでは彼等が画面だけでは伝えられなかった細かいエピソードを折り込む。

스튜디오에서는 그들이 화면만으로는 전하지 못한 자잘한 에피소드를 끼워 넣는다.

❸ 主に新聞の販売益と新聞に折り込まれる折り込みチラシの手数料収入が経営を支えている。

주로 신문의 판매익과 신문에 끼워 넣어지는 전단지 수수료 수입이 경영을 지탱하고 있다.

❹ その中には古来多数の人々の審美感が織り込まれているように思われる。

그 안에는 예로부터 많은 사람들의 심미감이 섞여들어 있는 듯이 생각된다.

❺ 少なくとも人間の歴史はただその中に偶然的に織り込まれているに過ぎない。

적어도 인간의 역사는 그저 그 안에 우연히 짜 넣어져 있는 것에 불과하다.

❻ 相場価格自体に希少性や作者に対する価値が織り込まれている場合もある。

시세가격자체에 희소성이나 작자에 대한 가치가 짜 넣어져 있는 경우도 있다.

[意] 買い入れる (장사, 생산, 분배를 위해) 사들이다, 매입하다.

買い取る 사들이다, 매입하다, 매수하다.

買い付ける 대량으로 사들이다, 늘 대놓고 사다.

[用] 買い入れる는 '品物を買って自分のものとする'의 의미로, '政府が麦を買い入れる (정부가 보리를 사들이다), 大量に買い入れてテコ入れをする(대량으로 사들여 시세의 변동을 막다)'처럼, 소비자의 입장보다 장사 등을 위해 사들이거나, 정부 등이 수매하는 경우에 사용한다.

買い取る는 '買って自分のものにする'의 의미로, '家·別荘·土地を買い取る(집·별장·토지를 매입하다), 株·権利を買い取る(주식·권리를 매입하다)'처럼, 대금을 지불하고 자기 것으로 하는 경우에 사용한다.

買い付ける는 '① 普段からよく買っている ② 大量に買い込む'의 의미로, '外国から綿花を買い付ける(외국에서 면화를 사들이다), 買い付けた株式を売り戻す(매입한 주식을 되팔다), 買い付けている店·銘柄(단골로 사들이는 가게·브랜드)'처럼, 상품을 대량으로 사들이거나 늘 단골로 사는 경우에 사용한다. '買い付けの店(단골 가게)'처럼, 명사형으로 단골의 의미로 사용한다.

[例]

[買い入れる]

❶ それを防ぐために、彼は国として買い入れる総量を設定したのだった。

그것을 막기 위해 그는 국가로서 매입할 총량을 설정했던 것이었다.

❷ 税を減らせば、外国から穀物を買い入れるための資金が足りなくなる。

세를 줄이면 외국에서 곡물을 사들이기 위한 자금이 부족해진다.

❸ 米と味噌が少し不足してきたので、是非ともそれだけ買い入れる必要があった。

쌀과 된장이 조금 부족해져서 반드시 그만큼 사들일 필요가 있었다.

❹ 中央銀行が直接国債を買い入れる政策が検討され、過去に実施されている。

중앙은행이 직접 국체를 매입할 정책이 검토되어 과거에 실시되고 있다.

❺ 全国的な反対運動のために増税は成功せず、公債を買い入れる者もいなくなった。

전국적인 반대운동 때문에 증세가 성공하지 못해 공채를 매입하는 자도 없어졌다.

[買い取る]

❶ 僕はこの犬たちをあなたから買い取ってやりたいと思っている。

나는 이 개들을 당신한테 사 주려고 생각하고 있다.

❷ 彼は妻や子供たちを買い取るために、どうやって働こうかと考えた。

그는 처나 아이들을 사기 위해 어떻게 일할까를 생각했다.

❸ 彼は弟の土地を処分する時にも、一番いい土地は自分で買い取った。

그는 동생의 토지를 처분할 때도 가장 좋은 토지는 자신이 샀다.

❹ はじめは借家だったが、何年も経たぬうちに買い取って自分のものにした。

처음에는 빌린 집이었는데, 몇 년 지나지 않아 사들여 자기 것으로 했다.

⑤ 自然と歴史的な建物の保護のため、市民が金を集めて買い取る方法を考え出した。

자연과 역사적 건물의 보호를 위해 시민이 돈을 모아 매입하는 방법을 생각해냈다.

[買い付ける]

❶ そこで、値段が高いのを承知で買い付けたというわけだ。

그래서 가격이 비싼 것을 인지하고 사들였다는 것이다.

❷ マフィアが俺のような業者から大量に買い付けて大陸へ密輸する。

마피아가 나 같은 업자로부터 대량으로 사들여 대륙으로 밀수한다.

❸ 資金をはたいて米を買い付けたが、極度の値上がりで僅かな量だ。

자금을 털어 쌀을 사들였는데 극도의 가격 인상으로 적은 양이다.

❹ テレビで紹介された幻のバターを北海道まで買い付けに行けというのか。

텔레비전에서 소개된 환상의 버터를 북해도까지 사들이러 가라는 것인가?

❺ 予算の立て替えをした形で了解のもとに苦心して外国から買い付けた品だ。

예산 입체의 형태로 양해하에 고심하여 외국으로부터 사들인 물건이다.

028 〉〉〉 垣間見る

□□□□

意 틈으로 살짝 보다, 살짝 엿보다.

用 垣間見る는 '① 物の透き間から覗き見る, ちらりと見る ② 物事の一端を知る'의 의미로, 무언가의 틈새로부터 들여다보거나 살짝 보거나 사물의 일단을 아는 경우에 사용한다. 자동사로 'かいま見える'가 사용된다.

例

❶ 映画の内容が垣間見られるトレイラー映像を公開する。
영화 내용이 살짝 엿보이는 트레일러 영상을 공개한다.

❷ 料コンでは男女とも家庭的な姿を垣間見ることができる。
요리 미팅에서는 남녀 모두 가정적인 모습을 엿볼 수 있다.

❸ こんもりとした丘の上の巨大な緑の木の絵が垣間見えたのだ。
울창한 언덕 위의 거대한 푸른 나무 그림이 살짝 엿보였다.

❹ いたずらに過去に拘泥せず、将来を見誤るなという将軍の姿勢を垣間見た。
괜히 과거에 구애받지 않고 미래를 잘못 보지 말라는 장군의 자세를 알았다.

❺ ぼくはその炎を見て、彼女の苦悩の片鱗をはじめて垣間見たような気がした。
나는 그 불꽃을 보고 그녀의 고뇌의 조각을 처음으로 안 듯한 생각이 들었다.

029 ▶▶▶ 返^{かえ}り咲^ざく

[意] 제철 아닌 꽃이 피다, 복귀하다, 컴백하다.

[用] 返り咲くと '① 花^{はな}が時節^{じせつ}を過^すぎてもう一度^{いちど}咲^さく ② 一度^{いちど}ある地位^{ちい}から退^{しりぞ}いたものが再^{ふたた}びその地位^{ちい}について活躍^{かつやく}する'의 의미로, '桜^{さくら}が返り咲く(꽃이 다시 피다), 一位^{いちい}・社長^{しゃちょう}に返^{かえ}り咲^ざく(일위・사장으로 복귀하다)'처럼, 봄에 피는 꽃이 가을에 다시 피듯 철이 지났는데 꽃이 다시 피거나, 물러났다 자리로 복귀나 컴백하여 다시 꽃을 피우는 경우에 사용한다. '返^{かえ}り咲^ざき'처럼 명사형으로 '컴백・복귀' 등의 의미로 사용한다.

[例]

❶ この小^{ちい}さな勝利^{しょうり}によって孔明^{こうめい}は再^{ふたた}び丞相^{じょうしょう}に返^{かえ}り咲^ざいたのである。
이 작은 승리에 의해 공명은 재차 승상으로 복귀한 것이다.

❷ ランキングこそ五位^{ごい}に返^{かえ}り咲^ざくが、一度^{いちど}も表彰台^{ひょうしょうだい}に上^あがることはなかった。
랭킹이야말로 5위에 복귀했지만, 한번도 표창대에 오르는 일은 없었다.

❸ 当時^{とうじ}の治安責任者^{ちあんせきにんしゃ}だった彼^{かれ}は更迭^{こうてつ}されるが、後^{のち}に権力^{けんりょく}の座^ざに返^{かえ}り咲^ざいた。
당시의 치안책임자였던 그는 경질되지만 후에 권력의 좌에 복귀했다.

❹ 結果^{けっか}として、民主党^{みんしゅとう}は記録的大敗^{きろくてきたいはい}を喫^{きっ}し、自公両党^{じこうりょうとう}が政権^{せいけん}に返^{かえ}り咲^ざいた。
결과적으로 민주당은 기록적 패배를 입고 자민・공명 양당이 정권에 복귀했다.

❺ 旅^{たび}の帰^{かえ}りに葉^はの落^おちた枝^{えだ}に桜^{さくら}が返^{かえ}り咲^ざいていて珍^{めずら}しい、そこへ時雨^{しぐれ}が降^ふり出^だした。
여행의 귀로에 낙엽이 진 가지에 벚꽃이 다시 피고 있어 진귀한 그때에 지나는 비가 내리기 시작했다.

030 >>> 掻き立てる　□□□□

意　힘껏 저어 섞다, 휘젓다, 돋우다, 불러일으키다, 자극하다.

用　掻き立てる는 '① 勢いよく掻き混ぜる ② 刺激をしてその気持ちを起こすようにする ③ 灯心を引き出して明るくする, 炭火などをつついて火勢を強くする'의 의미로, '卵を掻き立てる(계란을 휘젓다)', '闘志を掻き立てる(투지를 자극하다)', '火鉢の埋み火を掻き立てる(화로 잿속에 있는 숯불을 일으키다)'처럼, 힘껏 휘젓거나 감정이나 행동 등을 불러일으키거나 등불의 심지를 끌어내 밝게 하거나 숯불을 쑤셔 화력을 세게 하는 경우에 사용한다.

例

❶ そこに繰り広げられていた光景は彼の興味を掻き立てていた。
거기에 전개되고 있던 광경은 그의 흥미를 불러일으키고 있었다.

❷ 色が付いていないだけに、かえって想像力を掻き立てたのかもしれない。
색이 칠해져 있지않은 만큼 오히려 상상력을 불러일으킨 것인지도 모른다.

❸ それはまさにみなの動揺をなお一層掻き立てるために出てきたようなものであった。
그것은 정말 모두의 동요를 한층 더 불러일으키기 위해 나온 듯한 것이었다.

❹ しばしば彼と話をしたが話の内容よりその表情の変化がぼくの興味を掻き立てた。
종종 그와 이야기를 했지만 대화 내용보다 그 표정 변화가 나의 흥미를 자극했다.

❺ その一部は翌日の新聞に掲載され、ファンの想像を掻き立てることになるだろう。
그 일부는 다음날 신문에 게재되어 팬의 상상을 자극하는 일이 될 것이다.

031 掛け合う

意 교섭하다, 담판하다, 서로 주고받다, 서로 끼얹다.

用 掛け合う(自①/他②)는 '① 要求を出して交渉する ② 互いにかける'의 의미로, 船主に掛け合う(선주와 교섭하다)', '役所に掛け合う(관청과 교섭하다)', 'ファンと 掛け合う(팬과 서로 주고 받다)', '技・声を掛け掛う(기술·말을 주고받다)'처럼, 교섭 이나 흥정을 하거나 서로 주고 받는 경우에 사용한다.

例

❶ 他の業者に掛け合ってなんとか一本取り寄せてやらぬこともない。
다른 업자에게 교섭하여 어떻게든 한병 주문해주지 못할 것도 없다.

❷ 広場に開かれた臨時市場で人々が商人と値段を掛け合っている。
광장에 열린 임시시장에서 사람들이 상인과 가격을 흥정하고 있다.

❸ 浅瀬で魚を取り、せせらぎで友達と水を掛け合って歓声を上げる。
얕은 여울에서 물고기를 잡고 냇가에서 친구와 서로 물을 끼얹으며 환성을 지른다.

❹ お互いに気が乗らず声を掛け合うこともなく作業は滞りがちだった。
서로 마음이 내키지 않아 서로 말을 주고받는 일도 없고 작업은 정체 기미였다.

❺ 手応えを感じた息子は店を出すお金が欲しいと両親に掛け合うが 相手にされない。
해볼 만하다 느낀 아들은 가게를 낼 돈이 필요하다고 부모에게 교섭하지만 상대해 주지 않는다.

貸し付ける

意 대부하다, 대출하다, 빌려주다.

用 貸し付ける는 '資金や品物·権利を貸す'의 의미로, 금액·이자·변제기한 등을 정해 금품을 빌려주는 경우에 사용한다. '貸付'는 대부·대출의 의미로 사용한다.

例

❶ 現金を直接貸し付けるわけでもないので、貸金業者法の適用もない。
현금을 직접 빌려주는 것도 아니어서 대부업법의 적용도 없다.

❷ 広い売り場を区切って、その一区画を一つの商店に貸し付けるのだ。
넓은 매장을 잘라 막아 그 한 구획을 한 상점으로 빌려주는 것이다.

❸ 実際、県が訴訟費用を貸し付ける規定を盛り込んだ条例を規定している。
실제로 현이 소송비용을 빌려주는 규정을 담은 조례를 규정하고 있다.

❹ これは借り入れる企業側にとってと同様に貸し付ける金融機関にとってもリスクである。
이것은 차입하는 기업 측에 있어서도 마찬가지로 대출하는 금융기관에 있어서도 리스크이다.

❺ 資本家は自然法に従って、その意思に逆らって資本を貸し付けることを強制させられない。
자본가는 자연법에 따라 그 의사에 반해 자본을 빌려주는 일을 강제당하지 않는다.

033 >>> 駆り立てる

意 내몰다, 몰아대다, 자극하다, 사로잡다.

用 駆り立てる/狩り立てるた '① 獲物を捕えるために追い立てる ② 強く促してそこに行かせる, そうさせる ③ 情念や教説が人を突き動かす, 駆る'의 의미로, '勢子がウサギを駆り立てる(몰이꾼이 토끼를 내몰다)', '好奇心を駆り立てる(호기심을 일으키게 하다)', '早めに終えろと駆り立てる(빨리 끝내라고 몰아세운다)'처럼, 동물을 몰거나 사람을 몰아세우거나 자극하는 경우에 사용한다. 무언가에 사로잡히거나 휩싸이는 경우에 '駆り立てられる/駆られる'의 형태로 사용한다.

例

❶ 若い人をみんな駆り立てて戦場に連れて行った。
젊은 사람을 모두 내몰아 전쟁터로 데려갔다.

❷ 私はあの山を征服したくなる衝動に駆り立てられた。
나는 저 산을 정복하고 싶어지는 충동에 사로잡혔다.

❸ 知性の指数よりも探求の指数がいつも私を駆り立てる。
지성 지수보다 탐구 지수가 언제나 나를 자극한다.

❹ このような時に無理に駆り立てても不満を募らせるだけである。
이와 같은 때 무리하게 몰아대도 불만을 더 키울 뿐이다.

❺ 物理学者たちは粒子の組織的な分類を作り上げることに駆り立てられた。
물리학자들은 입자의 조직적인 분류를 만들어내는데 내몰렸다.

034 >>> 着飾る

意　차려입다, 옷치장을 하다.

用　着飾る는 '美しい衣服を身につけて飾る'의 의미로, 옷을 잘 차려입거나 치장하는
경우에 사용한다.

例

❶ うわべだけつやつやしく着飾っているが、大した人でない。
겉만 번지르르하게 잘 차려입었지만, 보잘것없는 사람이다.

❷ 私たちの先生は美人であったが、着飾るような人ではなかった。
우리 선생님은 미인이었지만, 옷치장을 하는 그런 사람이 아니었다.

❸ 美しく着飾った男や女が通りかかっては店の前に立ち止まった。
아름답게 차려입은 남자와 여자가 지나가다가는 가게 앞에 멈춰 섰다.

❹ しばらくすると、美しく着飾った人たちが出入りしてる立派なホテル
があった。
잠시 지나자 아름답게 차려입은 사람들이 출입하고 있는 훌륭한 호텔이 있었다.

❺ その間も着飾った人の群は静かな足取りで次第にこっちへ近寄っ
て来る。
그사이에도 잘 차려입은 사람들 무리가 조용한 발걸음으로 점점 이쪽으로 다가온다.

035 聞き込む

意 들어서 알다, 얻어듣다, 탐문 하다, 잘 듣다.

用 聞き込む는 '① 聞いて知る ② 情報などを聞き出す ③ 繰り返し十分に聞く'의 의미로, 정보 등을 들어서 알거나 알아내는 경우에 사용한다. '聞き込み捜査(탐문수사)'처럼 명사형으로도 많이 사용한다.

例

❶ 警察なら、あの夜の泊まり客に聞き込んで調べるんでしょう。
경찰이라면 그 밤의 투숙객에게 탐문하며 조사할 것입니다.

❷ 私はもう少し事情に詳しい財界筋からの話を聞き込んでみた。
나는 좀더 사정에 밝은 재계 소식통으로부터의 이야기를 탐문해 봤다.

❸ 火事になる前に乱闘の音を聞いたという話を部下が聞き込んできた。
화재가 나기 전에 난투를 벌이는 소리를 들었다는 이야기를 부하가 알아 왔다.

❹ 途中聞き込んだところによると、お亀という女は旅の宿で死んだという。
도중에 알아낸 바에 의하면 お亀라는 여자는 여행지 숙소에서 죽었다고 한다.

❺ バクチにいない時は、男の行き先を聞き込んで新地の女郎屋まで行った。
도박판에 없을 때는 남자의 행선지를 알아내 새로 생긴 유곽까지 갔다.

036 >>> 切り上げる / 切り下げる □□□□

意 切り上げる : 일단락 짓다, 일단 끝맺다, 잘라 올리다, 절상하다
切り下げる : 잘라 내리다, 칼로 내리치다, 깎아내리다, 절하하다.

用 切り上げる는 '① 区切りをつけて一応の終りとする ② 計算上端数を一と見なして その上の位に加える ③ 自国通貨の対外価値を引き上げる'의 의미로, 하던 일을 매듭짓거나 계산에서 잘라 올리거나 화폐가치를 올리거나 하는 경우에 사용한다. 切り下げる는 '① 上から下へと切る, 切り下ろす ② 切って垂らす ③ 自国通貨の 対外価値を引き下げる'의 의미로, 칼로 내리치거나 잘라 늘어트리거나 가격이나 가 치를 인하 또는 절하하는 경우에 사용한다.

例

[切り上げる]

❶ 私はすぐに自分もこの実験生活を切り上げる時が来たと感じた。
나는 바로 자신도 이 실험생활을 매듭지을 때가 왔다고 느꼈다.

❷ 例えミスジャッジだったとしても、抗議は短時間で切り上げるべき だった。
설령 오판이었다 해도 항의는 단시간에 끝내야 했다.

❸ 三十分で話を切り上げ、私が立ち上がると、相手はホッとした顔を した。
30분만에 이야기를 끝맺고 내가 일어나자 상대는 안도하는 얼굴을 했다.

❹ 明日出発となれば、そろそろ仲間たちの酒を切り上げさせねばなら ない。
내일 출발이면 슬슬 동료들의 술을 일단락 짓게 해야 한다.

❺ この値にNをかけて小数点以下を切り上げると、二が十進数で何桁の整数か分かる。

이 값에 N을 곱해 소수점 이하를 잘라 올리면 2가 십진수로 몇자리 정수인지 알 수 있다.

[切り下げる]

❶ これは端数をすべて切り下げることに相当する。

이것은 단수를 모두 잘라내리는 것에 상당한다.

❷ 現在はそれを25gに切り下げる案が検討されている。

현재는 그것을 25g으로 잘라 내리는 안이 검토되고 있다.

❸ よろめいて流れる敵の背に十分に切り下げることのできる余裕を見た。

비틀거리며 헤매는 적의 등에 충분히 칼로 내리칠 수 있는 여유를 보았다.

❹ 彼は労働の費用を切り下げるため、たくさんの新式の機械を買い入れた。

그는 노동의 비용을 잘라 내리기 위해 많은 신식 기계를 사들였다.

❺ 大手自動車メーカーの労務部長職なら従業員の賃金を切り下げるのが仕事のはずだ。

대기업 자동차회사의 노무부장직이라면 종업원의 임금을 깍아내리는 것이 일일 터이다.

037 切り裂く

□□□□

意 베어 양쪽으로 가르다, 찢다, 째다.

用 切り裂くと '① 切って開く ② 切ってバラバラにする'의 의미로, '魚の腹を切り裂く', '書類を切り裂く', '切り裂くような悲鳴' 처럼, 생선의 배를 가르거나 무언가를 찢거나 째는 듯한 날카로운 소리를 비유하여 나타내는 경우에 사용한다.

例

❶ 悲痛な嗚咽が病みやつれた女の唇を切り裂くようである。
비통한 오열이 병들어 야윈 여자의 입술을 찢는 것 같다.

❷ 剣を握った右手に肉を切り裂く確かな感触が伝わってきた。
검을 잡은 오른손에 살을 베는 확실한 감촉이 전해져 왔다.

❸ 稲妻が闇を切り裂くたびに恐竜の目が蛍光色に燃えあがった。
번개가 어둠을 자를 때마다 공룡의 눈이 형광색으로 타올랐다.

❹ 特殊炭素鋼でもまるで鉄鋼のナイフでチーズを切るように切り裂くことができる。
특수 탄소강으로도 마치 강철 칼로 치즈를 자르듯이 자를 수가 있다.

❺ この岬は、果てしなく押し寄せる大洋の波浪と潮流を切り裂くように鋭く突き出している。
이 곳은 끝없이 밀려오는 대양의 파도와 조류를 째는 듯이 날카롭게 돌출해있다.

─ 038 >>> 切り抜ける

意 뚫고 나가다, 탈출하다, 벗어나다, 타개하다.

用 切り抜ける는 '① 敵の包囲を破って逃れ出る ② 困難な状況や苦しい立場からなんとか抜け出す'의 의미로, 적이나 포위망을 뚫고 나오거나, 난관·위기·궁지·고난·불황 등을 벗어나거나 타개하거나 하는 경우에 사용한다.

例

❶ 問題は彼がどのような手段でこの窮地を切り抜けるかだ。
문제는 그가 어떤 수단으로 이 궁지를 뚫고 나가는 것이다.

❷ 彼は果たしてこの難局をうまく切り抜ける自信があるのだろうか。
그는 과연 이 난국을 잘 타개해나갈 자신이 있는 것일까?

❸ 手の自由が効こうと効くまいと、この場を切り抜ける方法はなかった。
손의 자유가 허락되든 안 되든 이 상황을 헤쳐나갈 방법은 없었다.

❹ 機内で交わされる話は羽田の税関をいかに切り抜けるかということである。
기내에서 주고받는 이야기는 하네다 세관을 어떻게 뚫고 나올지 하는 것이다.

❺ その都度、雪を退けたり石ころを入れたりして、やっと切り抜ける始末であった。
그때마다 눈을 치우거나 돌멩이를 넣거나 하여 겨우 빠져나올 상황이었다.

039 >>> 切り開く

意 잘라 열다, 절개하다, 길을 열다, 개간하다, 개척하다, 앞길을 열다.

用 切り開くと '① 田畑·道路·宅地などを造るために山地を切り崩し, 荒れ地を開墾する ② 敵の包囲を破って進路を造る ③ 困難な状況を打ち破って新しい方向を見いだす'의 의미로, '腹部·封を切り開く'처럼, 무언가를 잘라 열거나 산이나 황무지 등을 도로 등 필요한 용도의 땅으로 개간하거나 적의 포위를 뚫고 진로를 만드는 경우, 곤란이나 장애 등을 극복하여 새로운 방향을 찾아내는 경우에 사용한다.

例

❶ 独自のデジタルペンとインク技術でデジタル文具の時代を切り開く。

독자적인 디지털 팬과 잉크 기술로 디지털 문구 시대를 연다.

❷ 思い詰めて自分の前途を切り開こうと、齷齪していたのだった。

골똘히 자신의 앞길을 개척하려고 힘들게 일하고 있었다.

❸ アメリカの大自然を日本画の技法で描き、新しい美の世界を切り開いた。

미국의 대자연을 일본화의 기법으로 그려 새로운 미의 세계를 개척했다.

❹ 写真家として色彩に対する透徹した視線で独自の表現領域を切り開く。

사진가로서 색채에 대한 투철한 시선으로 독자적인 표현영역을 개척한다.

❺ 巨大な動物は腹から喉まで切り開かれて力を失った塊のように地面に倒れた。

거대한 동물은 배에서 목까지 절개되어 힘을 잃은 덩어리처럼 지면에 쓰러졌다.

悔い改める

| 意 | 회개하다, 뉘우쳐 고치다, 반성하다. |

| 用 | 悔い改めるは 'これまでの過ちを反省して心を改める'의 의미로, '罪過·言動を悔い改める'처럼, 교회나 기타 드라마 등에서 뉘우치거나 회개하는 경우에 사용하며, 일상에서는 '反省する'를 많이 사용한다. |

例

❶ 悔い改めることは罪を犯した者にとってはもっともなことである。

회개하는 것은 죄를 범한 자에 있어서는 당연한 것이다.

❷ いきなり神学博士が悔い改めて反対者から擁護側に回ってしまう。

갑자기 신학박사가 회개하여 반대자에서 옹호 측으로 돌아버린다.

❸ 塩と同じくらい愛していると言われ、腹を立てたことを悔い改めた。

소금과 같은 정도로 사랑하고 있다고 하여 화를 낸 것을 반성했다.

❹ この結末を見た彼女は悔い改めて家に戻り、両親に家を出たことを詫びる。

이 결말을 본 여자는 뉘우치고 집에 되돌아와 부모에게 집을 나간 것을 사죄한다.

❺ 王が悔い改め、傾き始めた国を立て直そうとして成功した例は極端に少ない。

왕이 회개하여 기울기 시작한 나라를 재건하려 하여 성공한 예는 극단적으로 적다.

041 >>> 食い込む ▢▢▢▢

意 파고들다, 잠식하다, 넘어가다.

用 食い込む는 '① 中に深く入り込む ② 限度を超えて他の領分や範囲に入り込む ③ 支出が多くなって赤字になる'의 의미로, 대상 안으로 파고들거나 범위를 침범하거나 지출이 초과하는 경우에 사용한다.

例

❶ 彼のパンチが捻りを加えながら、相手の頬に食い込んだ。
그의 펀치가 더욱더 휘어져 들어가면서 상대의 볼을 파고들었다.

❷ 古い棚を取り壊し、柱に食い込んでいる古釘を一本一本抜き取った。
오래된 선반을 부수고 기둥에 박혀있는 오래된 못을 하나하나 빼냈다.

❸ 実測したら、隣の家との境界線が五センチもうちの方に食い込んでいる。
실측을 하니 이웃집과의 경계선이 5센티나 우리 쪽으로 침범해 있다.

❹ 時間の配分の下手な先生なので授業が休み時間に食い込むことがよくある。
시간 배분이 서툰 선생님이어서 수업이 쉬는 시간까지 넘어가는 일이 자주 있다.

❺ 海外進出の目覚ましい日本の自動車産業は、海外の市場にかなり食い込んでいるという。
해외 진출이 눈부신 일본의 자동차산업은 해외시장에 꽤 파고들어 있다고 한다.

042 繰り上げる / 繰り下げる

[意] 繰り上げる 위로 올리다, 끌어올리다, 앞당기다.
　　　 繰り下げる 뒤로 물리다, 늦추다, 돌리다.

[用] 繰り上げるは '① 順々に, 上または前に送る ② 予定されていた日時を早める'의
의미로, 순서대로 차례를 끌어올리거나 앞당기거나 일정 등을 앞당기는 경우에 사용
한다.
　　 繰り下げるは '① 順々に, 下または後に送る ② 予定されていた日時を後にずらす'
의 의미로, 순서대로 뒤로 물리거나 예정된 일정 등을 늦추거나 뒤로 돌리는 경우에
사용한다.

[例]

[繰り上げる]

❶ 出発順位を五番から三番に繰り上げる。
출발 순위를 5번에서 3번으로 앞당긴다.

❷ そこで僕らは予定を二日繰り上げて戦線に赴いた。
거기에서 우리는 예정을 이틀 앞당겨서 전선으로 향했다.

❸ 予定を繰り上げてフィアンセを呼び寄せて結婚式を挙げることにした。
예정을 앞당겨 피앙세를 불러들여 결혼식을 올리기로 했다.

❹ 悪天候になるとの予報があったので、出発は二日繰り上げられたの
である。
악천후가 된다는 예보가 있어서 출발은 이틀 앞당겨진 것이다.

⑤ 作業の時間を繰りあげているのに、さざなみ以外には見えないほど
の暗さになっている。

작업 시간을 앞당기고 있는데 작은 파도 이외에는 보이지 않을 정도로 어두워져 있다.

[繰り下げる]

❶ 鎖はその巨大な船から繰り下げられていた。

쇠사슬은 그 거대한 배에서 내려지고 있었다.

❷ 逆に夕方のニュースを短縮、繰り下げて拡大するケースもある。

역으로 저녁 뉴스를 단축, 늦추어 확대하는 케이스도 있다.

❸ 放送が自宅で見られるよう配慮し、作業時間を繰り下げた企業も
あった。

방송이 자택에서 볼 수 있도록 배려하여 작업 시간을 늦춘 기업도 있었다.

❹ 特別編成などで放送枠を繰り下げたり放送を休止したりすること
がある。

특별편성 등으로 방송 틀이 늦춰지거나 방송을 쉬거나 하는 일이 있다.

❺ アメリカの景気が減速していたため、発売が予定よりも二ヶ月繰り下
げられた。

미국경기가 감속하고 있기 때문에, 발매가 예정보다도 2개월 늦춰졌다.

043 >>> 繰り出す

意 몰려가다, 풀어내다, 투입하다, 몰려나가다.

用 繰り出す(自①/他②③)는 '① 大勢が一緒になって勢いよく出かける ② 糸・紐などを順々に引き出す ③ 一度手元に引いてから勢いよく突き出す'의 의미로, 여럿이서 몰려가거나 실을 풀어내거나 사람이나 응원을 계속 내보내거나 내지르거나 내던지는 경우에 사용한다.

例

❶ 彼の会社では毎年全員でどっと花見に繰り出し、夜桜を楽しむ。
그의 회사에서는 매년 전원이 함께 꽃구경에 몰려나가 밤 벚꽃을 즐긴다.

❷ その戦況ではもはや応援の軍勢を繰り出しても勝ち目はないだろう。
그 전황에서는 이미 응원군를 계속 투입해도 이길 공산이 없을 것이다.

❸ 祖母は縁側で毛糸玉から糸を繰り出してはなにやら編み続けている。
할머니는 툇마루에서 털실 뭉치에서 실을 풀어내고는 그저 계속해서 짜고 있다.

❹ 長身から繰り出される速球を武器とした本格派投手で主に中継ぎである。
장신에서 쏟아내는 속구를 무기로 한 본격파 투수로 주로 계투요원이다.

❺ 相手がパンチを繰り出そうと身構えかけているところへ私のストレートが飛び込んだ。
상대가 펀치를 날리려고 자세를 취하고 있는 사황에 내 스트레이트가 날라갔다.

044 >>> 繰り広げる

意 펴다, 펼치다, 전개하다, 벌이다.

用 繰り広げる는 '① 巻いてある物を端から順に広げる ② 場面や情景を次々に展開する'의 의미로, 감긴 물건을 펼치거나 상황 등이 차례로 전개되는 경우에 사용한다.

例

❶ 様々なロケの企画を繰り広げるお遊び色の強い番組で人気を博した。
여러 로케 기획이 펼쳐지는 놀이 색이 짙은 프로그램으로 인기를 얻었다.

❷ 敵がどこかで悪い陰謀を繰り広げているせいで俺は幸福になれない。
적이 어딘가에서 나쁜 음모를 펼치고 있는 탓으로 나는 행복해지지 못한다.

❸ 両者の間ではこれまで数多くの白熱した試合が繰り広げられてきた。
양자 사이에서는 지금까지 수많은 불꽃 튀는 시합이 전개되어 왔다.

❹ スクリーンの上に繰り広げられる光景に抵抗を感じ、彼女は目を閉じた。
스크린 상에 전개되는 광경에 저항을 느껴 그녀는 눈을 감았다.

❺ 他の生徒たちが写真に注目している背後で命を懸けた攻防が繰り広げられる。
다른 학생들이 사진에 주목하고 있는 배후에서 목숨을 건 공방이 펼쳐진다.

045 扱き使う

意 혹사하다, 마구 부리다.

用 扱き使う는 '遠慮しないで手荒らく人を使う, 酷使する'의 의미로, 사람을 마구 부리거나 혹사하는 경우에 사용한다.

例

① 百姓は為政者から牛馬のように扱き使われていたのである。
백성은 위정자로부터 소말처럼 혹사당하고 있었다.

② 弱みを握られたとはいえ調子に乗って扱き使われてはたまらなかった。
약점을 잡혔다고는 해도 그에 놀아나 혹사당해서는 참을 수 없었다.

③ きっと相当な薄給で扱き使われ、とても金など貯まる感じではないのだろう。
틀림없이 상당한 박봉으로 혹사당하여 전혀 돈 따위 모일 느낌은 아닐 것이다.

④ こういうときには体を目一杯扱き使って頭の中を真っ白にするのがいい。
이런 때에는 몸을 최대한으로 혹사하여 머릿속을 새하얗게 하는 것이 좋다.

⑤ 各部隊は派遣地域で現地住民を脅かして力仕事などに扱き使ったりしている。
각 부대는 파견지역에서 현지 주민을 협박하여 막일 등에 부려 먹거나 하고 있다.

046 　漕ぎ着ける　□□□□

意　배를 저어 목적지에 닿게 하다, 겨우 목표에 도달하다.

用　漕ぎ着ける는 '① 船を漕いで目的地に到達させる ② 努力して目標に到達させる'처럼, 저어 목적지에 도착하거나 노력을 해서 목표에 도달하는 경우에 사용한다.

例

❶ 彼は譲らず、両親を説得してとうとう結婚に漕ぎ着けている。
그는 양보하지 않고 부모를 설득하여 결국 결혼에 도달했다.

❷ 三隻目もその傍らに漕ぎ着けて乗組員がこの協議に加わった。
3척째도 그 옆에 당도하여 승조원이 이 협의에 가담했다.

❸ 事件発生からおよそ一ヶ月と十日ぶりに逮捕に漕ぎ着けたのである。
사건 발생에서 약 1개월하고 10일 만에 체포에 이른 것이다

❹ 苦労の末、初開催に漕ぎ着けたものの、売上は大きく低迷する結果となった。
고생 끝에 첫 개최에 도달했는데, 매상은 크게 부진한 결과가 되었다.

❺ 編集者は相当難色を示したようだが、何とか小部数での出版に漕ぎ着けた。
편집자는 상당히 난색을 표한 것 같은데, 어떻게든 소 부수로 출판에 도달했다.

047 >>> 心得る

意 알다, 이해하다, 소양이 있다, 떠맡다.

用 心得るた '① 物事の意味や方法を理解する ② 事情をよく飲み込んで引き受ける ③ 技芸にたしなみがある, 心得がある'처럼, 대상에 대해 이해하거나 소양이 있거나 잘 알고 떠맡는 경우에 사용한다.

例

❶ 私は忍耐を人間形成のための第一歩と心得ております。
나는 인내를 인간 형성을 위한 첫걸음이라고 알고 있습니다.

❷ 相手の弱点を心得ていれば、そう簡単に負けることなどないはずだ。
상대의 약점을 알고 있으면 그리 간단히 지는 일 따위 없을 터이다.

❸ 会の進行に関しては彼女が万事心得ているのでまったく心配ない。
모임의 진행에 관해서는 그녀가 만사 잘 알고 있어서 전혀 걱정 없다.

❹ ノートばかりか教科書も持ってこないとは、学校を何と心得ているんだ。
노트는커녕 교과서도 가져오지 않다니 학교를 뭘로 알고 있는 것이냐?

❺ 今度の仕事に関しては委細心得たつもりだったが、とんだ失敗をしてしまった。
이번 일에 관해서는 모두 알고 있다고 생각했었는데, 터무니없는 실패를 해 버렸다.

048 》》》 ごった返す　□□□□

意　혼잡하다, 북적이다, 붐비다, 들끓다.

用　ごった返す는 '非常に混雑する'의 의미로, '火事でごった返す(화재로 혼잡하다)', 'お客でごった返す(손님으로 북적대다)'처럼, 무언가로 사람들이 혼잡하거나 북적대는 경우에 사용한다.

例

❶ 帰省客でごった返す駅の様子をニュースが報じている。
귀성객으로 붐비는 역의 모습을 뉴스가 보도하고 있다.

❷ 今年の夏も海水浴場は人の波でごった返すことだろう。
올여름도 해수욕장은 인파로 북적댈 것이다.

❸ 夏休みの子供たちでごった返している映画館で財布をすられた。
여름방학의 어린이들로 혼잡한 극장에서 지갑을 소매치기당했다.

❹ 移動するために各教室から出てきた生徒たちで廊下はごった返していた。
이동하기 위해 각 교실에서 나온 학생들로 복도가 북적대고 있었다.

❺ 朝の空爆による犠牲者の身元判明のため、通りは人々でごった返していた。
아침 공습에 의한 희생자의 신원 판명을 위해 길에는 사람들로 혼잡했었다.

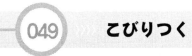

こびりつく

意 속) 달라붙다, 눌러붙다.

用 こびりつくは '① 物が固くくっついて離れなくなる ② ある考え・印象などが強く意識に残って忘れられなくなる'의 의미로, 물체가 달라붙어 떨어지지 않거나 무언가가 의식 속에 남아 잊히지 않는 경우에 사용한다.

例

❶ あの恐れるべき敵の姿がどうしても頭にこびりついて離れなかった。
그 놀랄만한 적의 모습이 아무리 해도 머리에 박혀 떨어지지 않았다.

❷ 黒々とした山の上へ赤錆のこびりついたような色のお月様が出ている。
검디검은 산 위에 빨간 녹이 달라붙은 듯한 색의 달님이 떠 있다.

❸ 口の脇には現場に飛びかかった時に受けた傷の血がこびりついている。
입 주변에는 현장에 뛰어들었을 때 입은 상처의 피가 달라붙어 있었다.

❹ 涙がこびりついた目でぼんやりと母を見ると、母の顔も涙に濡れていた。
눈물이 가득한 눈으로 멍하니 어머니를 보자 어머니의 얼굴도 눈물에 젖어 있었다.

❺ 風に運ばれてこびりついた泥や砂が雨に打たれて筋のような模様を作っている。
바람에 날라와 달라붙은 진흙과 모래가 비에 젖어 힘줄과 같은 모양을 만들고 있다.

050 ≫≫ 込み上げる □□□□

意　치밀어오르다, 복받치다, 넘쳐 나오다.

用　込み上げると '収まっていたものが刺激を受けて溢れ出そうになる, 抑えきれず溢れ出てくる'처럼, 마음에 담고 있던 것이 자극을 받거나 억누르지 못해 넘쳐 나올 듯이 되는 경우에 사용한다.

例

❶ 息子の無事な姿を目にしたとき、私の胸には熱いものが込み上げてきた。
아들의 무사한 모습을 봤을 때 내 가슴에는 뜨거운 것이 복받쳐 왔다.

❷ 10年ぶりに故郷の山々を見たとき、胸の中に懐かしさが込み上げてきた。
10년 만에 고향의 산들을 봤을 때 가슴속에 그리움이 복받쳐왔다.

❸ あまりの嬉しさに涙が込み上げてきて新人歌手はとても歌い続けることができなかった。
너무 기쁜 나머지 눈물이 복받쳐와 신인가수는 도저히 계속 노래할 수가 없었다.

❹ その夜はベッドに入ってからもそのことを思い出すと、笑いが込み上げてきて仕方がなかった。
그날 밤은 잠자리에 들고서도 그 일을 떠올리면 웃음이 터져 나와 어쩔 수가 없었다.

❺ 試合が終わった瞬間は何が何だか分からなかったが、じわじわと勝利の喜びが込み上げてきた。
시합이 끝난 순간은 뭐가 뭔지 몰랐는데, 조금씩 승리의 기쁨이 밀려왔다.

051 転がり込む

意 굴러 들어가다/들어오다, 손에 들어오다, 기어들어 가다.

用 転がり込むと '① 球状のものが回転しながら中に入り込む ② 慌ててある場所に入り込む ③ 予期していなかったものが急に手に入る ④ 他人の家に入って世話になる'처럼, 굴러서 들어 오거나 행운이 굴러들어오거나 폐를 끼치는데 남의 집에 기어들어 가는 경우에 사용한다.

例

❶ その際に止まり切れず砂の中に転がり込む迫力のある映像が見られた。
그때 멈추지 못하고 모레 속에 굴러 들어가는 박력 있는 영상을 볼 수 있었다.

❷ 彼が約束を守れば、当然のことながら政権は自分の手に転がり込む。
그가 약속을 하면 당연히 정권은 자신의 손에 굴러 들어온다.

❸ 男と知り合うとすぐにその男の部屋に荷物を持って転がり込むのである。
남자와 알게 되자 곧바로 그 남자의 집에 짐을 들고 기어들어 가는 것이다.

❹ まだ子供のいない兄夫婦の家は転がり込むのにちょうどよかったのだ。
아직 아이가 없는 형 부부의 집은 기어들어 가는 데에 딱 좋았다.

❺ 彼は自分の部屋へ辿り着くと、急いで鍵を開け、転がり込むように中へ入った。
그는 자신의 방에 당도하자 급히 열쇠를 열고 굴러 들어가듯이 안에 들어갔다.

052 ≫≫ 差し替える

意　바꿔 꽂다, 바꿔 끼다, 갈아 넣다, 바꾸다.

用　差し替える는 'あるものを抜いて別のものを差す, 別のものと取り替える'의 의미로, 'お茶·花を差し替える(차·꽃을 갈아넣다)', '原稿·番組を差し替える(원고·프로그램을 바꿔넣다)'처럼, 대상을 새로 바꿔 넣거나 다른 것으로 갈아 넣는 경우에 사용한다.

例

❶ 地方局ではこの枠をローカルの野球中継に差し替える場合がある。
지국에서는 이 틀을 로컬 야구 중계로 바꿔 넣는 경우가 있다.

❷ 損傷が大きい1号車は修理不能と判断され、差し替えることとなった。
손상이 큰 1호차는 수리 불능으로 판단되어 교체하게 되었다.

❸ 切り替えボタン長押で装備中の道具を別のものに差し替えることができる。
전환 버튼을 오래 눌러 장비 중의 도구를 다른 것으로 바꿔 넣을 수가 있다.

❹ もう一つは、ぎりぎりで状況がひっくり返った時に差し替えるための予備の記事だ。
또 하나는 막판에 상황이 뒤집혔을 때 바꿔 넣기 위한 예비 기사이다.

❺ これまでは不要品を抜き取り、最新の物に入れ替えるか、差し替えるかしただけだった。
지금까지는 불필요한 물건을 빼 내 최신의 물건으로 교체하든지 바꿔 넣든지 했을 뿐이었다.

053 差し掛かる

意 다다르다, 당도하다, 시기에 들다, 접어들다, 덮치다, 빛이 비치다.

用 差し掛かるは '① 進んできてすぐそこのところまで行く, 達する, 至る ② ちょうどその時期や場面になる ③ せり出して覆い被さる ④ 光が差し込んでくる'の 의미로, 'シーズン·雨期に差し掛かる(시즌·우기에 접어들다)', '年が五十の坂に差し掛かる(나이가 50줄에 들다)', '成否の分け目に差し掛かる(성공/성사 여부의 갈림길에 이르다)', '庭木が茂って軒に差し掛かる(정원수가 우거져 처마에 덮치다)'처럼, 장소나 시기에 접어들거나 위에서 무언가가 덮치거나 빛이 비치거나 하는 경우에 사용하다.

例

❶ 先生はすでに自分の人生が夕暮に差し掛かっていることを知っている。
선생님은 이미 자신의 인생이 황혼에 접어들고 있음을 알고 있다.

❷ その建物の前に差し掛かった時、向こうから歩いてくる男に気がついた。
그 건물 앞에 당도했을 때 반대편에서 걸어오는 남자를 깨달았다.

❸ ついに彼は一度も横断したことのない名も知れぬ海峡に差し掛かった。
결국 그는 한 번도 횡단한 적이 없는 이름도 모르는 해협에 이르렀다.

❹ やがて四週目に差し掛かると、集団の速度が今までにも増して上がった。
이윽고 4주 째에 접어들자 집단의 속도가 지금까지보다 더 올라갔다.

❺ 山襞の残雪に日が差し掛かると、そこから驚くほどの鋭い光が放射された。
산등성 습곡의 잔설에 해가 내리쬐자 거기에서 놀랄 정도의 날카로운 빛이 방사되었다.

054 >>> 差し引く

意 빼다, 제하다, 공제하다.

用 差し引く는 '①ある数量から他の数量を引き去る ②ある判断を得るために仮に判断・評価の重要な要因となる事柄を取り去って考えて見る'의 의미로, 비용을 제하거나 중요한 무언가를 빼고 생각하는 경우에 사용한다.

例

❶ フィルム代や撮影にかかった実費を差し引くと、僅かだが収益が残る。
필름 대금이랑 촬영에 든 실비를 제하면, 얼마 안 되지만 수익이 남는다.

❷ そのなかから今回の調査料を差し引き、残りをこっちの口座に入金してくれ。
그 안에서 이번 조사료를 빼 나머지를 이쪽 계좌에 입금해 줘.

❸ お金は町から出る長距離バスの運賃を差し引いても多少の余裕はある。
돈은 마을에서 나오는 장거리 버스 운임을 빼도 다소의 여유는 있다.

❹ 一年前に工事があったそうだし、それを差し引いてもほかの場所は木が多すぎる。
일년전에 공사가 있었다 하고, 그것을 빼도 다른 장소는 나무가 너무 많다.

❺ 好みの問題を差し引いても発言通りの基準で男性選びをしていないことは明白だ。
기호의 문제를 빼도 발언 대로의 기준으로 남성 고르기를 하고 있지 않은 것은 명백하다.

055 差し迫る

意　임박하다, 절박하다, 닥치다.

用　差し迫るは '処置すべき事態や期日が間近に迫る, 切迫する'의 의미로, 해야 할 일이나 기일 등이 임박하거나 사태나 상황이 절박한 경우에 사용한다.

例

❶ 明らかに弟は死が差し迫っていることを予感していた。
분명히 동생은 죽음이 임박해있는 것을 예감하고 있었다.

❷ 私はあのように差し迫った危険にある病人を見たことがない。
나는 저토록 긴박한 위험에 있는 병자를 본 적이 없다.

❸ どうせ実験をするなら、差し迫った事情がないうちにやっておきたい。
어차피 실험을 하는 것이라면 긴박한 사정이 없을 때 해 두고 싶다.

❹ この植民地がスペインからの攻撃で差し迫った状態だったからである。
이 식민지가 스페인으로부터의 공격으로 절박한 상태였기 때문이다.

❺ 彼らは働く貧困層の差し迫った要求に応えようとする直接行動集団だった。
그들은 일하는 빈곤층의 절박한 요구에 응하려고 하는 직접행동 집단이었다.

056 >>> さらけ出す

□□□□

意 들어내다, 들어내 보이다.

用 さらけ出す는 '隠すところなく全てを出して示す'의 의미로, '恥·無知をさらけ出す
(치부·무지를 드러내다)', '白日の下にさらけ出す(백일하에 드러내다)', '持物をさら
け出して見せる(소지품을 드러내 보이다)'처럼, 무언가를 속속들이 들어내거나 들
어내 보이는 경우에 사용한다.

例

❶ 思わぬことで世間に醜態をさらけ出したことは紛れもない事実である。
뜻밖의 일로 세상에 추태를 드러낸 일은 틀림없는 사실이다.

❷ 未完成で未熟な自分は何もかもさらけ出して判断を仰ぐべきだろう
か。
미완성으로 미숙한 자신은 모든 것을 드러내 놓고 판단을 청해야 할 것인가.

❸ ドアの向うにこの世の物理法則を凌駕する秘密がさらけ出されている。
문 저편에 이 세상의 물리법칙을 능가하는 비밀이 드러나 있다.

❹ 相手の本当の姿を理解しようとせず、自分の本当の姿もさらけ出さ
ない。
상대의 진정한 모습을 이해하려고 하지 않고 자신의 진정한 모습도 드러내 보이지 않는다.

❺ ドアは開き、最高級の調度に飾り立てられた超豪華な室内をさらけ
出した。
문은 열고 최고급의 가구로 장식한 초호화의 실내를 드러내놓았다.

057 仕入れる

意 사들이다, 매입하다, 얻다, 손에 넣다.

用 仕入れる는 '① 販売や加工のために商品や原材料を買い入れる ② 自分のものにしてあるものを手に入れる'의 의미로, 물건을 사들이거나 지식이나 정보 등을 얻거나 하는 경우에 사용한다, '仕入れ値,仕入れ先'처럼 명사로도 사용한다.

例

❶ 新しく仕入れたものなので、机も本棚もみんなぴかぴかしている。
새로 구입한 것이어서 책상도 책꽂이도 모두 번쩍번쩍한다.

❷ ヤマのネタを仕入れるのに便利かと思って探偵事務所を開いた。
사건의 재료를 얻는데 편리할까 하여 탐정사무소를 열었다.

❸ 今の俺にとって必要なのは何でもいいから情報を仕入れることだ。
지금의 나에 있어서 필요한 것은 뭐든 좋으니 정보를 손에 넣는 것이다.

❹ よい品物を安く仕入れるために商店の人はいろいろ苦心している。
좋은 물건을 싸게 매입하기 위해서, 상점 사람들은 여러 가지로 고심하고 있다.

❺ 工場では直営の農場から原料を仕入れ、ジュースや岳詰を作っている。
공장에서는 직영농장으로부터 원료를 매입하여 주스랑 통조림을 만들고 있다.

058 〉〉〉 仕掛ける

□□□□

意 　장치하다, 설치하다, 싸움을 걸다, 일을 하기 시작하다, 도중까지 하다.

用 　仕掛ける는 '① 取りつける, 装置などを設置する ②こちらから相手に対して働き掛ける ③あることをし始まる'의 의미로, '爆薬・罠・花火を仕掛ける(폭약・덫・불꽃을 장치/설치하다)', '喧嘩を仕掛ける(싸움을 걸다)', '仕かけてやめた(하다가 그만두다)'처럼, 무언가를 설치하거나 싸움을 걸거나 일을 시작하거나 하는 경우에 사용한다.

例

❶ 敵の戦闘部隊がいつか攻撃を仕掛けてくるだろう。
　적의 전투부대가 언젠가 공격을 감행 해 올 것이다.

❷ 向こうが仕掛けた喧嘩でも買わない方がよいのだ。
　상대편이 건 싸움이라도 상대 안 하는 편이 좋다.

❸ 今日はがんばろう、と仕事を仕掛けたら、電話が鳴った。
　오늘은 열심히 해야지 하고 일을 시작하자 전화벨이 울렸다.

❹ 川ぶちの崖の上に仕掛けた罠に一羽のひよどりがかかっていた。
　강가의 벼랑 위에 설치한 덫에 한 마리의 직박구리가 걸려 있었다.

❺ それによしんば談判が決裂しても幕府に戦を仕掛ける気力はないだろう。
　게다가 설령 담판이 결렬되어도 막부에 싸움을 걸 기력은 없을 것이다.

059 » しがみつく

意 달라붙다, 매달리다, 붙잡다.

用 しがみつくは '離れまいとして強くすがり付く, しっかり抱きつく'의 의미로, 무언가에 매달려 떨어지지 않는 경우에 사용한다.

例

❶ 子供は母親の背にしがみついたまま離れようとしない。
아이는 엄마의 등에 꼭 매달린 채 떨어지려고 하지 않는다.

❷ この土地にしがみつこうとする気持ちが吹っ切れそうな気がしてるんだ。
이 토지에 매달려 붙어있으려고 하는 마음이 확 달아날 듯한 기분이 들고 있다.

❸ 血で目が見えなくなっても私は無我夢中でそれにしがみつこうとする。
피로 눈이 보이지 않게 되어도 나는 무아지경으로 그에 달라붙으려고 한다.

❹ 雨で枝がつるつるしていて落ちないようにしがみついてるのがやっとだ。
비로 가지가 미끌미끌해져 있어 떨어지지 않도록 붙잡고 있는 것이 겨우다.

❺ 過去の栄光にしがみつくようにして生き延びたこの老大家ももはやこれまでであった。
과거의 영광에 연연해하며 연명해온 이 노대가도 이제는 끝장이었다.

060 >>> 仕切る

意 칸막이하다, 부분으로 나누다, 결산하다, 책임지고 처리하다, 관리하다.

用 仕切る(他①②③/自④)는 '①間に境を設けていくつかに区切る ②ある時点で取引や帳簿を締めくくる, 決算する ③ある範囲内の一切を掌握し責任を持って処理する, 取り仕切る ④相撲で土俵上の力士が立ち会いの身構えをする'의 의미로, 사이에 경계를 설치하여 몇으로 칸을 나누거나 어떤 시점에서 거래나 장부를 마무리 또는 결산하거나 일체를 장악하여 책임을 지고 처리하거나 '相撲'에서 '土俵上(모래판)'의 역사(선수)가 들어갈 준비를 하는 경우에 사용한다.

例

❶ 西洋建築の特色は壁で四方を仕切ることである。

서양 건축의 특색은 벽으로 서쪽을 막는 것이다.

❷ 今夜の宴会はぼくが全部仕切るから、安心して任せなさい。

오늘 밤 연회는 내가 전부 책임질 테니 안심하고 맡겨주세요.

❸ 空き地はいつのまにか細かく仕切られた家庭菜園に変わっていた。

빈터는 어느샌가 잘게 나누어진 가정 야채밭으로 변해 있었다.

❹ 新しい持主は当時、一人の給仕に店をどうにかこうにか仕切らせていた。

새 주인은 당시 한 급사에게 가게를 그럭저럭 꾸려나가도록 하고 있었다.

❺ 道全体が南北に仕切られ、そこから先への進入が完全に遮断されていた。

길 전체가 남북으로 나뉘어 그곳에서 앞으로의 진입이 완전히 차단되어 있었다.

意 가르치다, 주입하다, 사들이다, 잘 빚어 용기에 넣다, 사전 준비를 하다, 만들어 넣다.

用 仕込むと '① 知識・技術などを教えて身につけさせる, 仕付ける ② 知識・技術などを自分のものにする ③ 商売をするために商品を買い入れる, 仕入れる ④ 酒・醤油・味噌などを醸造するために原料を調合して桶などに詰める ⑤ 飲食店などが材料を買い入れて料理の下拵えをする ⑥ 細工して中に作り入れる, 中に装置する'의 의미로, 익숙해지도록 잘 가르치거나 물건을 사들이거나 술이나 장 등을 잘 담그기 위해 원료를 배합하여 통 등에 채우거나 재료에 요리의 사전 준비를 하거나 안에 만들어 넣거나 하는 경우에 사용한다.

例

❶ 娘には一通りの心得は仕込んであると母親は胸を張った。
딸에게는 대강의 마음가짐은 가르쳐 두었다고 어머니는 당당해 했다.

❷ 動物に芸を仕込むのは根気が必要で気の短い人には無理だ。
동물에게 곡예를 가르치는 것은 끈기가 필요해 성질이 급한 사람에게는 무리다.

❸ まさかとは思うが、怪しいウイルスが仕込まれていないとも限らない。
설마라고는 생각하지만, 이상한 바이러스가 주입되어 있지 않다고도 할 수 없다.

❹ 料理屋をやっている叔父は毎朝五時に起きて材料を仕込みに行く。
요리점을 하고 있는 삼촌은 매일 아침 5시에 일어나 재료를 구입하러 간다.

❺ 機械でも中に仕込んであるんじゃないかというほど、それは再現率が高い。
기계라도 안에 장치해둔 것이 아닌가 할 정도로 그것은 재현율이 높다.

062 >>> 仕留める / 為留める

[意] 쏘아 죽이다, 해치우다.

[用] 仕留める는 '討ち果たす, 殺す'의 의미로, '獲物を仕留める(사냥감을 죽이다)', '敵を一刀のもとに仕留める(적을 단칼에 죽여버리다)', 'そいつを仕留めるチャンス'(그 녀석을 죽일 찬스)처럼, 사냥감을 총이나 칼 등으로 죽이거나 적 등을 해치우는 경우에 사용한다.

[例]

❶ クマでもイノシシでも彼は必ず一発で仕留める。
곰이든 멧돼지든 그는 반드시 한 방으로 쏘아 죽이다.

❷ 動作がやや鈍く弓矢で簡単に仕留めることができる。
동작이 다소 느려 화살로 간단히 처리할 수 있다.

❸ 侍は襲いかかってくる大勢の敵を何とか仕留めることができた。
무사는 달려드는 많은 적을 가까스로 해치울 수 있었다.

❹ 一人が射損じたものを運よくもう一人が仕留めるかも分からなかった。
한 명이 잘못 쏜 것을 운 좋게 다른 한 명이 쏘아 죽이는지도 몰랐다.

❺ この部屋に泊まっている首脳の一人を仕留めることで満足するしかない。
이 방에 묵고 있는 수뇌 한 사람을 해치우는 것으로 만족할 수밖에 없다.

>>>> **閉め出す/ 締め出す**

〔意〕 내쫓다, 들이지 않다, 몰아내다, 배척하다, 따돌리다.

〔用〕 閉め出す/締め出すと '① 人を外に追い出す, 出た人を門戸を閉じて入れさせない ② 仲間外れにする'의 의미로, 내쫓거나 떠난 사람을 문호를 닫고 들이지 않거나 따돌리거나 하는 경우에 사용한다.

〔例〕

❶ 子供の世界には弱い者を締め出そうとする傾向がある。
아이들 세계에는 약자를 배척하려고 하는 경향이 있다.

❷ ノルマを達成できなかった罰としてチームから締め出される場合もある。
책임량을 달성하지 못한 벌로서 팀으로부터 쫓겨나는 경우도 있다.

❸ 部屋の隅で膝を抱えて顔を埋めていても声は締め出すことができない。
방구석에서 무릎을 안고 얼굴을 묻고 있어도 소리는 몰아낼 수가 없다.

❹ 年の離れた末っ子はいつも兄や姉の遊びの輪から締め出されていた。
나이 차가 많은 막내는 언제나 형이나 누나의 놀이 공간에서 밀려나 있었다.

❺ いたずらをして母に家を閉め出されたのは小学校に入ってすぐのことだった。
나쁜 짓을 해서 엄마가 집에 들여 주지 않았던 것은 초등학교 입학 직후의 일이었다.

064 >>> 締め付ける

□□□□

意 강하게 죄다, 규제하다, 조르다.

用 締め付ける는 '① 強く締める, 固く結び付ける ② 自由にできないようにして苦しい目に合わせる, 圧迫する'의 의미로, 강하게 죄거나 단단히 묶거나 힘들게 하거나 압박하는 경우에 사용한다.

例

❶ 包みを紐で強く締め付けると、中の衣類がしわになる。
쌀 때 끈으로 세게 묶으면 안의 옷가지에 구김이 간다.

❷ 帯で胸が締め付けられて、ごちそうがあまり食べられなかった。
끈으로 가슴이 강하게 죄어져 있어서 맛있는 음식을 그다지 먹을 수 없었다.

❸ 胸を締め付けるような人生的なドラマの要素を残りなく具えている。
가슴을 조이는 듯한 인생적인 드라마의 요소를 남김없이 갖추고 있다.

❹ 妙に湿っぽく締め付ける不安が彼の気持ちを暗く閉ざしてくるのだった。
묘하게 축축하게 죄어오는 불안이 그의 기분을 어둡게 닫아오는 것이었다.

❺ 喉を締め付ける痛みをこらえながら、ぼくは泣きそうな気持ちでつぶやいた。
목을 강하게 죄는 아픔을 참으면서 나는 울 것 같은 기분으로 중얼거렸다.

しゃしゃり出る

意　쓸데없이 나서다, 넉살 좋게 앞으로 나서다, 뻔뻔스럽게 나서다

用　しゃしゃり出る는 'でしゃばって出てくる, 厚かましくでしゃばる'의 의미로, 주제넘게 나서거나 뻔뻔하게 나서는 경우에 사용한다.

例

❶ 子供同士の喧嘩に親がしゃしゃり出て事が大きくなった。
이이들 끼리의 싸움에 부모가 괜히 나서서 일이 커졌다.

❷ 自分の立場を忘れてしゃしゃり出てしまったことを少し後悔した。
자신의 입장을 잊고 주제넘게 나서버린 것을 조금 후회했다.

❸ あんたがしゃしゃり出てくる前はこの子たち、ものすごくうまくいってた。
당신이 쓸데없이 나서기 전은 이 애들 매우 잘해가고 있었다.

❹ 銀座で先生のお姿を見かけても、しゃしゃり出て挨拶するのが憚られる。
銀座에서 선생님의 모습을 보아도 넉살 좋게 나서서 인사하는 것이 꺼려진다.

❺ 俺がしんどい時、お前はいつもしゃしゃり出てきて勝手に世話を焼いてくれたんだ。
내가 힘들 때 너는 언제나 쓸데없이 나서서 멋대로 속을 썩여 주었다.

066 >>> 透き通る

意 비쳐 보이다, 투명하다, 맑다.

用 透き通る는 '① 透いて中や向こうにあるものが見える ② 物の間を通って行く'의 의미로, 사물의 안이 비쳐 보이거나 맑거나 투명해 보이거나 물체 사이를 통과해 가는 경우에 사용한다.

例

❶ 娘の肌の色は透き通るように白かった。
딸의 피부색은 비쳐 보일 것같이 희었다.

❷ 少女の透き通った声がアルプスの山々に響きます。
소녀의 맑은 목소리가 알프스산들에 메아리칩니다.

❸ 台風一過の東京には真っ青に透き通る空が広がっていた。
태풍이 한바탕 지나간 동경에는 새파랗게 맑은 하늘이 펼쳐져 있었다.

❹ まるでそこに完全に透き通った透明な人間が立っているかのようだ。
마치 거기에 완전히 비쳐 보이는 투명한 인간이 서 있는 것 같다.

❺ 谷川の水は都会の汚れた川の水とはまるで違い、綺麗に透き通っていた。
계곡의 물은 도회지의 더러워진 강물과는 전혀 달라 깨끗하게 비쳐 보이고 있었다.

067 　巣立つ

意　보금자리를 떠나다, 사회로 나가다.

用　巣立つ는 '① 鳥の子が巣から飛び立って立ち去る ② 子供が親元や学校から 社会に出ていく'의 의미로, 새끼 새가 보금자리를 떠나거나 학생이 졸업하여 사회에 나가거나 자식이 부모 슬하를 떠나는 경우에 사용한다.

例

❶ 親鳥に餌を運んでもらっていた雛も巣立って行った。
어미 새에게 먹이를 받아먹고 있던 새끼 새도 둥지를 떠나갔다.

❷ みんな三年間の中学校生活に別れを告げ、まもなく巣立っていく。
모두 3년간의 중학교 생활에 이별을 고하고 곧 졸업하게 된다.

❸ 子供たちが巣立ったあとの、静まりかえった家の中の様子に似て いる。
어린이들이 떠난 뒤의 쥐 죽은 듯 조용해진 집안 모습에 닮아 있다.

❹ 今年も多くの若者たちが親元を巣立って遠くの町へ羽ばたいて 行った。
올해도 많은 젊은이들이 부모 곁을 떠나 먼 객지로 훌훌 떠나갔다.

❺ 教師としては彼は非常に成功しており著名な弟子が幾人も彼の元 を巣立っている。
교사로서는 그는 매우 성공하여 저명한 제자가 여럿이 그의 품에서 사회로 나갔다.

068 ››› すっぽかす　□□□□

[意] 해야 할 일을 방치하다, 내팽개치다, 약속을 어기다, 깨다.

[用] すっぽかす는 '①そのままにして捨て置く, 投げやりにする　②約束などをしておいてそれを履行しないで放っておく'의 의미로, 일 등을 하지 않고 내팽개치거나 약속 등을 어기거나 바람을 맞히는 경우에 사용한다.

[例]

❶ 彼女は約束をすっぽかされてすっかりご機嫌斜めだ。
그녀는 약속을 바람맞고 완전히 기분이 좋지 않다.

❷ 私は彼女を三時間も待ったが、結局すっぽかされた。
나는 그녀를 세 시간이나 기다렸는데 결국 바람맞았다.

❸ お見合い相手の女が最後まで現れず、私をすっぽかした。
선보는 상대 여자가 마지막까지 나타나지 않고 나를 바람맞혔다.

❹ 私は友達と映画を見に行ったが、すっぽかされてそのまま帰ってきた。
나는 친구와 영화를 보러 갔는데, 약속을 어겨 그대로 돌아왔다.

❺ 彼は急に忙しくなった仕事をすっぽかすこともできなくなって困っていた。
그는 급히 바빠진 일을 내팽겨칠 수도 없어 곤란해하고 있었다.

摩り替える / 掬り替える
すりかえる / すりかえる

意 살짝 바꿔 치다, 몰래 바꾸다.

用 摩り替える/掬り替える는 '密かに取り替える。特に偽物に取り替える'의 의미로, 무언가를 몰래 바꾸거나 살짝 바꿔 치는 경우에 사용한다.

例

① 今朝来てみると、何者かによって展覧会の絵が摩り替えられていた。
오늘 아침 와보니 누군가에 의해 전람회의 그림이 몰래 바뀌어 있었다.

② 万一のためにケースの中の本物の真珠を偽物と摩り替えておいた。
만일을 위해 케이스 안의 진짜 진주를 가짜와 살짝 바꿔치기해 두었다.

③ キャプテンは部員が不満を言うと、都合のいいように問題を摩り替える。
부장은 부원이 불만을 말하면 자기 편한 대로 문제를 살짝 바꾼다.

④ 金持ちの家に生まれた赤ん坊をどこそこで捨てられた赤子と摩り替える。
부자 집에 태어난 아이를 어딘가에서 버려진 아이로 살짝 바꾼다.

⑤ 面倒な方向に飛び火しそうな気配を察し、話題を微妙に摩り替えることにした。
귀찮은 방향으로 불똥이 튈 것 같은 느낌을 간파하고 화제를 미묘하게 살짝 바꾸기로 했다.

>>> 擦り剥ける

意　스쳐서 벗겨지다, 까지다.

用　擦り剥ける는 '物に強くすれて外皮が剥ける'의 의미로, '靴ずれでかかとが擦りむける(새 신발을 신어 발뒤꿈치가 까지다)'처럼, 무언가에 스쳐서 피부가 벗겨지거나 까지는 경우에 사용한다.

例

❶ アスファルトに擦り付けられ、あちこち擦り剥けたらしく痛みが走る。
아스팔트에 끌려 이곳 저곳 까진 듯 하여 통증이 있다.

❷ 左の人差し指の先は潰れたようになっていて皮が擦り剥けていた。
왼쪽 검지 손가락 끝은 짓눌린 듯이 되어 껍질이 벗겨져 있었다.

❸ バイオリンを奏で続ける女の子は手だけでなく首筋まで擦り剥けている。
바이올린을 계속 연주하는 여자는 손만이 아니라 목덜미까지 까져 있다.

❹ ハシゴは錆びており、それを急いで降りる俺の手の皮は擦り剥け、傷ついていく。
사다리는 녹슬어 있어 그것을 급히 내려오는 내 손의 피부는 까져 상처 들어 간다.

❺ 練習で腕は擦り剥けるし、寝技の練習の後は手当てを怠ると耳がすぐに潰れてしまう。
연습으로 팔은 벗겨지고 누운 기술 연습 후는 치료를 게을리하면 귀가 바로 짓눌려 버린다.

071 >> 背負う

| **意** | 업다, 등에 메다, 짊어지다, 떠맡다.

| **用** | 背負うと '①背に負う, 背に載せる ②苦しい仕事や不本意な物事を引き受けて責任を持つ'의 의미로, 등에 업거나 어깨에 메는 경우와 무언가를 떠맡아 짊어지는 경우에 사용한다.

| **例** |

❶ 一時間も経つと肩に背負った銃が体に食い込むように重く感じられた。
한 시간쯤 지나자 어깨에 멘 총이 몸에 파고들듯이 무겁게 느껴졌다.

❷ 学校から帰ると小さな妹を背負い母に代わって子守りをしたものだ。
학교에서 돌아오면 작은 여동생을 등에 업고 어머니 대신 애를 보곤 했다.

❸ 人生は重荷を背負って遠い道を行くようなものだという言葉がある。
인생은 무거운 짐을 짊어지고 먼 길을 가는 것과 같은 것이라는 말이 있다.

❹ 少年は貧しい一家を背負って学校に通う傍ら店番として働き始めた。
소년은 가난한 일가를 떠맡아 학교에 다니는 한편 가게 보는 사람으로 일하기 시작했다.

❺ 事業に失敗したため、父は多額の借金を背負い込むハメになってしまった。
사업에 실패했기 때문에, 아버지는 거액의 빚을 짊어지는 처지가 되어 버렸다.

072 >>> 攻め入る □□□□

意 쳐들어가다.

用 攻め入る는 '進撃して敵陣に入る'의 의미로, '攻め込む', '討ち入る'처럼, 공격해 들어가는 경우에 사용한다.

例

❶ 今なら隙だらけだと何故か攻め入る瞬間を想像してしまった。
지금이라면 허점투성이라고 왠지 쳐들어갈 순간을 상상해 버렸다.

❷ 奪うためだけに肉親を敵と見做し、よく知りもしない異国に攻め入る。
그저 뺏기 위해 육친을 적으로 여겨 잘 알지도 못하는 타국에 쳐들어간다.

❸ 挑発に乗って洛中に攻め入るようなことは絶対にないはずだった。
도발에 응해 洛中에 쳐들어가는 그런 일은 절대로 없을 터였다.

❹ この道は徳川家康が鵜殿氏長らを攻め入った際に通ったと推定される。
이 길은 徳川家康가 鵜殿氏長를 쳐들어갔을 때 통과했다고 추정된다.

❺ 日本全土を改宗した際には日本人を尖兵として中国に攻め入る案を持っていた。
일본 전토를 개종했을 때에는 일본인을 첨병으로 하여 중국에 쳐들어갈 안을 가지고 있었다.

073 ▶▶ そそり立^たつ

意 높이 솟다, 우뚝 솟다, 마음이 들뜨다.

用 そそり立^たつは '①高^{たか}くそびえ立^たつ ②心^{こころ}が浮^うき立^たつ, 浮^うかれ騒^{さわ}ぎだす'의 의미로, '聳^{そび}えている'와 같이 산 등의 물체가 높이 솟아 있거나 마음 등이 들뜨는 경우에 사용한다.

例

❶ 超高層^{ちょうこうそう}ビルはまるで空^{そら}に向^むかってそそり立^たっているかのように見^みえた。
초고층 빌딩은 마치 하늘을 향해 우뚝 솟아 있는 것과 같이 보였다.

❷ 現在^{げんざい}はそそり立^たった壁^{かべ}のようなコンクリートの堤防^{ていぼう}が両岸^{りょうがん}を守^{まも}っている。
현재는 우뚝 솟은 벽과 같은 콘크리트 제방이 양안을 지키고 있다.

❸ ぼくたちの行^いく手^てを遮^{さえぎ}るかのように大^{おお}きな岩^{いわ}が垂直^{すいちょく}にそそり立^たっていた。
우리가 가는 방향을 가로막기라도 하듯 큰 바위가 수직으로 솟아 있었다.

❹ これから目^めざす山^{やま}はあの山並^{やまな}みの中^{なか}で一際^{ひときわ}高^{たか}くそそり立^たっている山^{やま}だ。
지금부터 향하는 산은 저 산들 중에서 한층 높게 솟아 있는 산이다.

❺ 彼^{かれ}はロープ一本^{いっぽん}で体^{からだ}を支^{ささ}え、そそり立^たつ崖^{がけ}を一歩一歩^{いっぽいっぽ}よじ登^{のぼ}って行^いった。
그는 로프 하나로 몸을 의지하여 높이 솟은 벼랑을 한 발 한 발 기어 올라갔다.

074 ≫≫ 叩き込む

□□□□

意 힘껏 때려 박다, 때려 넣다, 처넣다, 가르치다, 철저히 주입시키다.

用 叩き込む는 '① 叩いて入れる ② 乱暴にいれる ③ しっかりと教える, 覚え込ませる'의 의미로, 세게 때려 박거나 감옥 등에 처넣거나 확실하게 가르치거나 주입하는 경우에 사용한다.

例

❶ 立っている相手の頭を両手で掴んで自身の頭に叩き込む。
서 있는 상대의 머리를 양손으로 잡고 자신의 머리에 힘껏 박는다.

❷ 子供時代から詩を書き、また画家だった父から写生を叩き込まれた。
어린 시절부터 시를 쓰고, 또한 화가였던 아버지로부터 사생을 철저히 배웠다.

❸ 愛国心などを子供に叩き込めば、結局は親のない子を作ることになる。
애국심 등을 어린이에게 주입시키면 결국은 부모 없는 아이를 만들게 된다.

❹ どんなサインの時にどんな種類のボールが投げられたかを頭に叩き込む。
어떤 사인 때에 어떤 종류의 볼이 던져졌는지를 머리에 주입한다.

❺ 大柄な男が横を向いたままの体勢でいきなり彼の顔に拳を叩き込んだのだ。
덩치 큰 남자가 옆을 향한 채의 자세로, 갑자기 그의 얼굴에 주먹을 퍼부었다.

075 立ち上がる / 立ち上げる

意 立ち上がる 일어서다, 재기하다, 솟아오르다, 행동을 개시하다.

　　立ち上げる 일으키다, 가동하다, 스타트하다.

用 立ち上がるは '① 体を起こして立つ ② 苦しい状態に陥った者が勢いを取り戻して活動を始める ③ 上の方へ高く上がる, 立ち上る ④ 行動を起こす ⑤ 機械や組織のシステムが稼働した状態になる'의 의미로, 자리에서 일어나거나 수증기 등이 피어오르거나 어떤 상태에서 다시 일어나거나 문제에 들고 일어나거나 기계나 조직 등이 가동상태가 되는 경우에 사용한다.

　　立ち上げるは '① 機械のシステムを稼働できる状態にする ② 組織やその企画などが機能できる状態にする'의 의미로, '기계·컴퓨터 등을 가동·기동시키거나 조직·기획 등을 발족·설립·창립하는 경우처럼 무언가를 일으켜 세우는 경우에 사용한다.

例

[立ち上がる]

❶ 医師はお茶を飲んだあと、別れの挨拶をしながら立ち上がった。
의사는 차를 마신 후 작별 인사를 하면서 일어났다.

❷ 失意のどん底から立ち上がり、来年の受験に向けて勉強を始めた。
실의의 구렁텅이에서 다시 일어나 내년 시험을 향해 공부를 시작했다.

❸ 軍事政権打倒を合い言葉に、ついに労働者大衆が立ち上がった。
군사정권 타도를 신호로 마침내 노동자 대중이 들고 일어섰다.

❹ 動き続けた方が得策だと判断し、宗助は機体を立ち上がらせようとした。

계속 움직이는 쪽이 낫다고 판단하여 宗介는 기체를 가동시키려고 했다.

❺ 敵か味方か分からないまま二人は懸命に立ち上がって慎重に見構えた。

적인지 아군인지 모르는 채 둘은 힘껏 일어나 신중하게 자세를 취했다.

[立ち上げる]

❶ 会社組織を立ち上げる際には役員の人選等にも影響を与えていた。

회사조직을 설립할 때는 임원의 인선 등에도 영향을 주었었다.

❷ 女優などが自分の名前を冠した商品やブランドを立ち上げることもある。

여배우 등이 자신의 이름을 단 상품이나 브랜드를 내놓는 경우도 있다.

❸ その後、凸版印刷で事業プランナーとして様々な新規事業を立ち上げる。

그 후 철판인쇄에서 사업 프랜너로서 여러 신규사업을 일으킨다.

❹ 軽い興奮の中で気持ちを引き締め、自分の席についてマシンを立ち上げる。

가벼운 흥분 속에서 마음을 가다듬고 자신의 자리에 앉아 기계를 가동한다.

❺ そんな状況でとてもこの男の追跡調査の企画を立ち上げるわけにはいかない。

그런 상황에서 도무지 이 남자의 추적조사 기획을 추진할 수는 없다.

076 　立ち入る

意　들어가다, 출입하다, 깊이 들어가다, 관계없는 일에 관여하다, 간섭하다.

用　立ち入るは '①ある場所の中へ入る ②さらに深い部分に入り込む ③本来の自分とは関係ない事柄に関わる, 干渉する'의 의미로, 장소에 들어가거나 보다 깊게 들어가거나 타인의 문제에 끼어들거나 간섭하는 경우에 사용한다.

例

❶ 人の家の庭に無断で立ち入られては困る。
남의 집 정원에 무단으로 들어와서는 곤란하다.

❷ その聖なるお堂には何人も立ち入ることは許されていない。
그 성스러운 신당에는 어떤 사람도 들어가는 것이 허락되고 있지 않다.

❸ 立ち入ったことを聞くようですが、お宅は何人家族ですか。
너무 깊게 묻는 것 같습니다만, 댁은 가족이 몇 분이십니까?

❹ 君はこの問題には関係がないのだから、立ち入らないでくれたまえ。
자네는 이 문제와는 관계가 없으니까 간섭하지 말게.

❺ 警察が国民の思想や生活面の隅々まで立ち入るような世の中はごめんだ。
경찰이 국민의 사상이나 생활 면의 구석구석까지 관여하는 듯한 세상은 싫다.

立ち後れる / 立ち遅れる

意 늦게 일어서다, 출발이 늦다, 뒤지다, 뒤처지다.

用 立ち後れる/立ち遅れる는 '① 立ち上がるのが後れる ② 着手·進歩·発展などが 他より後れる, 後れたために劣った状態になる'의 의미로, 늦게 일어나거나 늦게 시작하거나 타에 비해 뒤지거나 뒤처지는 경우에 사용한다.

例

❶ 精神医学はそもそもの出発点から他の医学に遥かに立ち後れている。
정신의학은 처음 출발점부터 다른 의학에 훨씬 뒤처져 있다.

❷ 中三の夏までクラブ活動に熱中したので、受験勉強に立ち遅れて しまった。
중3 여름까지 클럽활동에 열중한 탓에 수험 공부에 뒤처져 버렸다.

❸ 経済や文化は発達しているが、それらに比較して福祉政策は立ち 遅れている。
경제나 문화는 발달하고 있지만, 그것들에 비교해서 복지정책은 뒤처져 있다.

❹ こうした殺虫剤が生物にどういう影響を与えるのか、生物学的な 研究が立ち後れている。
이런 살충제가 생물에게 어떤 영향을 줄지, 생물학적인 연구가 뒤처져 있다.

❺ 鎖国政策を取り、外国との交流を断っていたため、近代化の面で 先進国に立ち遅れた。
쇄국정책을 펴 외국과의 교류를 끊었었기 때문에, 근대화면에서 선진국에 뒤처졌다.

意 (본래 장소·상태로) 되돌아오다/가다.

用 立ち返るは '元の位置に帰る, 元の状態に戻る'의 의미로, '家·国に立ち返る', '現在·過去に立ち返る', '本心·原点に立ち返る', '平和が立ち返る'처럼, 장소·시간·상황으로 되돌아가거나 평화 등이 되돌아오는 경우에 사용한다.

例

❶ 男は自分が何をしているのか、その疑問に立ち返り茫然としていた。
남자는 자신이 무엇을 하고 있는지 그 의문에 되돌아가 멍하고 있었다.

❷ 夫が一つ成功の段階を昇るごとに、彼女は過去に立ち返ろうとしている。
남편이 하나 성공의 계단을 오를 때마다 그녀는 과거로 되돌아가려하고 있다.

❸ 信奉者の多くは彼に対する信仰を放棄してユダヤ教の伝統に立ち返った。
신봉자의 대부분은 그에 대한 신앙을 포기하고 유대교의 전통으로 되돌아왔다.

❹ 自分はこういう想像の夢から突然何かの拍子で現在の我に立ち返ることがあった。
자신은 이런 상상의 꿈에서 돌연 무언가의 순간 상황으로 현재의 나로 되돌아오는 일이 있었다.

❺ 瞬間の驚きから立ち返ると同時にみんなは争って卓子テーブルの隅へ金を出した。
순간의 놀람에서 되돌아옴과 동시에 모두는 다투어 탁자 테이블 구석에 돈을 냈다.

079 ⟫⟫⟫ **立ち込める / 立ち籠める**

意　자욱이 끼다, 꽉 차다.

用　立ち込める/立ち籠める는 '煙・霧・霞などが辺り一面を覆う'의 의미로, 안개나 연기가 끼거나 황혼·석양이 짙게 깔리거나 열기·냄새·향기 등이 꽉 차거나 할 때 사용한다.

例

❶ 厳しい冬も過ぎ去り、春霞の立ち込める季節になった。
혹독한 겨울도 지나가고 봄 안개가 자욱이 끼는 계절이 되었다.

❷ 庭で花火をやったら、火薬の匂いが辺りに立ち込めた。
정원에서 불꽃놀이를 했더니 화약 냄새가 주위에 꽉 찼다.

❸ 野原にはクローバーの花や野草の香りが立ち込めていた。
들판에는 클로버꽃이랑 들풀의 향기가 꽉 차 있었다.

❹ 夕方になると、辺りに立ち込めていた熱気が引いて涼しくなってきた。
저녁이 되자 주위에 꽉 차 있던 열기가 식어서 시원해지기 시작했다.

❺ 決勝戦にふさわしく、競技場にはムンムンとした熱気が立ち込めていた。
결승전에 걸맞게 경기장에는 후끈후끈한 열기가 꽉 차 있었다.

080 ▶▶▶ 立ち退く

意 떠나다, 물러나다, 퇴거하다.

用 立ち退くは '① その場所を離れてよそへ移る ② 住んでいる家などを明け渡してよそへ移る'의 의미로, 어떤 장소에서 떠나거나 물러가거나 또는 집 등에서 퇴거하는 경우에 사용한다.

例

❶ 新しく道路を造るというので、この家も来年には立ち退くことになりそうだ。

새로 도로를 만든다고 하니, 이 집도 내년에는 떠나게 될 것 같다.

❷ 彼は一家の後始末を親類に頼んで故郷を立ち退くよりほかはなかった。

그는 일가의 뒤처리를 친척에 부탁하고 고향을 떠나는 외에 방법이 없었다.

❸ 我々は犠牲は求めない、指定する海岸から人間は立ち退いてもらいたい。

우리는 희생은 요구하지 않는다, 지정하는 해안에서 사람들은 물러나 주면 된다.

❹ 青年は何か月分もたまった家賃が払えず、アパートを立ち退かなければならなくなった。

청년은 몇 개월분이나 밀린 집세를 지불 못 해 아파트를 떠나야만 했다.

❺ 駅前の広場で無断で商売をしていた男が警官にその場所から立ち退くよう命じられた。

역 앞 광장에서 무단으로 장사를 하던 남자가 경관에게 그 장소에서 떠나도록 명해졌다.

081 ▷▷▷ 立ちはだかる

意　가로막아 서다, 앞을 가로막다, 앞에 가로놓이다.

用　立ちはだかる는 '① 両足を踏み広げ行く手を遮るように立つ ② 障害になるものが行く手に立ちふさがる'의 의미로, 사람·동물·자동차 등을 가로막고 서거나 장애물이 앞을 가로막거나 하는 경우에 사용한다.

例

❶ 通り抜けようとすると、男は両手を広げて立ちはだかった。
빠져나가려고 하자, 남자는 양손을 벌려서 길을 가로막았다.

❷ ひどく困惑して私は草の中に横たわっている女の前に立ちはだかった。
아주 곤란하여 나는 풀 안에 누워있는 여자 앞에 가로막고 섰다.

❸ 主人らしい男はぼくたちの車の前に立ちはだかると駐車場に誘導した。
주인인듯한 남자는 우리 차 앞에 가로막고서 주차장으로 유도했다.

❹ 急な崖を登り切った登山隊の前に今度は大きな岩が立ちはだかった。
가파른 절벽을 다 올라간 등산가 앞에 이번에는 큰 바위가 가로막았다.

❺ 挑戦する若者の前にはこれからもたくさんの難関が立ちはだかることだろう。
도전하는 젊은이 앞에는 앞으로도 많은 난관이 앞길에 놓여있을 것이다.

082　立ち向かう

意　맞서다, 대항하다, 마주하다.

用　立ち向かう는 '① 正面から向かっていく, 対抗する ② 困難な物事に正面から取り組んで解決しようとする'의 의미로, 사람·동물·상황에 정면으로 맞서거나 대항하는 경우에 사용한다.

例

❶ 犬たちはクマを見つけると、みな一斉にほえかかり、立ち向かっていった。
개들은 곰을 발견하자, 모두 일제히 짖어대며 맞서 갔다.

❷ 人間らしく生きていくためにはさまざまな問題に立ち向かわねばならない。
인간답게 살아가기 위해서는 여러 문제에 맞서지 않으면 안된다.

❸ 社会をよくするためには害悪に対して敢然と立ち向かう勇気が必要である。
사회를 좋게 만들기 위해서는 해악에 대해 감연히 맞서는 용기가 필요하다.

❹ 中学生に揶揄われると、無鉄砲な弟は敵うはずもないのに立ち向かっていった。
중학생에게 야유를 당하자, 무모한 동생은 상대될 리 없는데도 맞서 갔다.

❺ 社会の現実に立ち向かった人々の姿を通して人間と社会を見つめる目を養おう。
사회의 현실에 맞선 사람들의 모습을 통해서 인간과 사회를 주시하는 눈을 기르자.

083 　立て替える

意 　입체하다, 대신 치르다.

用 　立て替える는 '他人に代わって一時代金などを払っておく'의 의미로, 돈 등을 입체하거나 잠시 대신하여 내 주는 경우에 사용한다.

例

❶ お財布を忘れてきちゃった。悪いけどコーヒー代、ちょっと立て替えて。
지갑을 잃어버렸어. 미안하지만 커피값 좀 잠시 빌려 줘.

❷ 八人分の入場料合わせて一万二千円は、ぼくが立て替えておいた。
여덟 명 분의 입장료 합쳐서 만이천 엔은 내가 지불해 두었다.

❸ 制作を請け負った斎藤プロデューサーがその日の分を立て替えている。
제작을 떠맡은 斎藤 프로듀서가 그날 치를 대신 지불하고 있다.

❹ ここでちょうど五十件目だから、料金を立て替えたとしても自分としては得なのだ。
이것으로 딱 바로 50건째이니 요금을 입체 했다 해도 자신으로서는 득이다.

❺ 手ごろなマンションが見つかると、滝子はその購入費用を半分立て替えてやった。
적당한 맨션이 발견되자 滝子는 그 구입 비용을 반절 입체해 주었다.

084 立て込む

意 붐비다, 북적거리다, 일이 많다.

用 立て込む는 '① 多くの人が一カ所に集まって混雑する ② 多くの用事が一時に重なる'의 의미로, '店内が立て込む', '仕事が立て込む'처럼, 사람이나 장소가 붐비거나 일이 많이 들어와 바쁜 경우에 사용한다.

例

❶ このところ立て込んでいて来月にならなければ暇ができない。

요즘 스케줄이 꽉 차 있어 다음 달이나 돼야 시간이 있다.

❷ 狭い裏通りに民家が立て込んで、いかにも下町の風情である。

좁은 뒷골목에 민가가 빽빽히 들어서 있어 자못 번화가 분위기이다.

❸ 仕事が立て込んでいて伸ばし気味になっていた髪が顔を打ち、風に梳かれる。

일이 많이 밀려 있어 길게 자란 듯 해진 머리가 얼굴을 치며 바람에 빗겨진다.

❹ トラックが次々と帰着する時間で事務所が立て込んでいたから、よく覚えている。

트럭이 계속해서 귀착하는 시간으로 사무소가 복잡해 있었기에 잘 기억하고 있다.

❺ 二人は右にカーブする路地を歩き、さらにアパートの立て込んでいる辺りで左に折れた。

둘은 우측으로 휘는 골목을 걸어 좀더 아파트가 가득 들어차 있는 부근에서 좌측으로 돌았다.

─085 >>> 立て籠もる □□□□

意 틀어박히다, 안에 들어가 굳게 버티다, 농성하다.

用 立て籠もる는 '① 戸などを閉め切って室内や屋内に籠もる ② 城内や陣内に籠もって敵に対する, 籠城する'의 의미로, 籠もる(어떤 장소에 틀어박히다, 성 등에 들어가 굳게 지키다)와 비슷하다, '家·書斎に立てこもる(집·서재에 틀어박히다)', '客を人質に立てこもる(손님을 인질로 잡고 버티다)', '城·要塞に立てこもる(성·요새 안에 들어가 버티다)'처럼, 문 등을 닫고 안에 틀어박히거나 성이나 요새에 들어가 적에 대항하는 경우에 사용한다.

例

❶ 抵抗もできずに犯人にされるくらいなら、このまま立て籠もってやる。
저항도 못 하고 범인 취급당하는 것이라면 이대로 안에서 버텨주겠다.

❷ 当初は別人の名前が立て籠もっている容疑者として一部報じられた。
당초는 딴사람의 이름이 안에서 버티는 용의자로서 일부 보도되었다.

❸ 数万の軍勢が立て籠もる城を攻めたら、いつ戦が終わるか分からなくなる。
수만의 군세가 굳게 버티는 성을 공격하면 언제 전쟁이 끝날지 모르게 된다.

❹ 誰か一人だけその氷の中の小観測所に立て籠もって一冬過ごさねばならない。
누군가 혼자만이 그 얼음 속의 작은 관측소에 틀어박혀 한겨울을 보내야 한다.

❺ 残りの兵は町の中央の砦に避難し立て籠もっていたが、水不足に苦しみ翌日に降伏した。
남은 병력은 마을 중앙 요새에 피난하여 굳게 버티고 있었는데, 물 부족에 힘들어 하며 다음날 항복했다.

086 ＞＞バ 盾突く

（意） 반항하다, 대들다, 말대꾸하다.

（用） 盾突く는 '目上の者などに反抗する'의 의미로, '親·上司·先生·役所に盾突く'처럼, 부모·상사·선생님·관공서 등에 반항하거나 대드는 경우에 사용한다.

（例）

❶ 弟のくせに兄に盾突くとは生意気だぞ。
동생인 주제에 형에게 대들다니 건방지다.

❷ 一言一言、親の言うことに盾突くものではありません。
한마디 한마디 부모가 하는 말에 말대꾸하는 것이 아닙니다.

❸ 軍隊で上官に盾突いたら、どうなるか知っているのか。
군대에서 상관에게 반항하면 어떻게 되는지 알고 있나!

❹ 官公庁に盾突いてロクなことないのは民間企業の比じゃないんだ。
관공서에 대항하여 변변한 일이 없다는 것은 민간기업에 비할 바가 아니다.

❺ 授業中居眠りしたり、先生に盾突いたりしていた彼が最近、まじめになってきた。
수업 중에 졸거나 선생님에게 대들거나 하던 그가 최근 성실해졌다.

087 》》》 使い古す

□□□□

意 오래 써서 낡다, 낡을 때까지 계속 쓰다.

用 使い古す는 '長い間使って古くする, 古くなるまで使い続ける'의 의미로, 물건을 오래 써서 낡거나, '使い古された表現・手'처럼, 표현이나 방법이 낡아 진부한 경우에 사용한다.

例

❶ 使い古した蒸気船でも外国から買うとなると最低でも一万両はした。
다 낡은 증기선으로도 외국에서 사려고 하면 최하로도 만 냥은 했다.

❷ 演説者の中にはこれは使い古された常套句であると言うものもいる。
연설자 중에는 이것은 낡아빠진 상투어라고 말하는 자도 있다.

❸ おそらく今の姿は使い古されたボロ雑巾のようになっていることだろう。
아마 지금의 모습은 낡아빠진 누더기 걸레와 같이 되어 있을 것이다.

❹ ベッドの上のキャメル色の毛布は使い古されたもののように汚れていた。
침대 위의 낙타색 모포는 오래 써 낡은 것처럼 더러워져 있었다.

❺ 使い古した金型は他社の手に渡らないように建物の基礎に入れられる。
오래 써 낡은 금형은 타사의 손에 넘어가지 않도록 건물 기초에 넣어진다.

088 >>> 注ぎ込む □□□□

意 쏟아붓다, 부어 넣다, 주입하다.

用 注ぎ込む는 '① 液体を器の中に注ぎ入れる ② あることのために多くの費用や人材を投入する, 精力などを傾ける'의 의미로, '金・財産・力をつぎ込む(돈·재산·힘을 쏟아붓다)'처럼, 재산이나 능력 등을 쏟아 넣거나 생각이나 사상 등을 주입하는 경우에 사용한다.

例

❶ 父は全財産を注ぎ込んでこの工場を作り上げた。
아버지는 전 재산을 쏟아부어 이 공장을 만들어냈다.

❷ 彼としても全力を注ぎ込んで敗れたのだから、悔いはないだろう。
그로서도 전력을 쏟고 패배한 것이니까 후회는 없을 것이다.

❸ しかも今回は財産の倍というとんでもない金額を注ぎ込んでいるのだ。
더구나 이번에는 재산의 배라고 하는 터무니없는 금액을 쏟아붓고 있다.

❹ 文字による言葉の統一は古代知識人が全力を注ぎ込んだ作業だった。
문자에 의한 말의 통일은 고대 지식인이 전력을 쏟아부은 작업이었다.

❺ 各地の闇市に露天の店を出し、収益を上げては子供村に注ぎ込んでいた。
각지의 암시장에 노점을 열어 수익을 올리고서는 어린이마을에 쏟아 붓고 있었다.

突き刺す/ 突き刺さる

意 突き刺す 푹 찌르다, 찌르듯이 날카롭게 자극하다.

突き刺さる 꽂히다, 찔리다.

用 突き刺すと '① 先の尖ったものを勢いよく差す, 突いて刺し通す ② 痛みを感じさせるほど鋭く刺激する'의 의미로, ナイフ·針で突き刺す(나이프·바늘로 찌르다), 胸を突き刺す(가슴을 찌르다), 肌を突き刺す風(피부를 찌르는 바람), 突き刺すような悲鳴(찌를 듯한 비명)처럼, 무언가를 찌르거나 자극하는 경우에 사용한다.

突き刺さると '① ものの先が突き立つ ② 速度を保ったまま中へ入る ③ 差し込まれたような強い衝撃を受ける'의 의미로, '矢が突き刺さる(화살이 꽂히다)', '言葉が突き刺さる(말이 꽂히다)'처럼, 무언가에 찔리거나 꽂히는 경우에 사용한다.

例

[突き刺す]

❶ 私は消毒した針を突き刺して足の裏のマメをつぶした。

나는 소독한 바늘을 찔러 발바닥의 물집을 터뜨렸다.

❷ 肌を突き刺すような冷たい風に思わずコートの襟を立てた。

피부를 찌르는 듯한 찬바람에 그만 코트 깃을 세웠다.

❸ くるりと手の中で回してから、勢いを付けバイクの鍵穴に突き刺した。

빙그르 손안에서 돌리고 나서 기세를 몰아 바이크 열쇠 구멍에 꽂았다.

❹ 警戒しながら闇の中を歩いていると、突き刺す視線を背中に感じた。

경계하면서 어둠 속을 걷고 있자 찌르는 듯한 시선을 등 뒤로 느꼈다.

⑤ 腹の傷が熱を持ち、呼吸をするだけで釘を突き刺されたような痛み
　がある。

배의 상처가 뜨거워 호흡을 하는 것만으로 못을 찌르는 듯한 통증이 있다.

[突き刺さる]

❶ 倒れた男の背中には矢が突き刺さっていた。

쓰러진 남자의 등에는 화살이 꽂혀 있었다.

❷ 男たちが何か言うより早く彼の拳が男たちの腹と顎に突き刺さる。

남자들이 무언가 말하는 것보다 빨리 그의 주먹이 남자들의 배와 턱에 꽂힌다.

❸ 狭い部屋が煙でいっぱいになり、それが目に突き刺さり涙が出て
　くる。

좁은 방이 연기로 가득 차 그것이 눈에 닿아 눈물이 나온다.

❹ この質問は心臓に突き刺さるように感じられて彼女は顔を赤らめて
　答えた。

이 질문은 심장에 꽂히는 듯이 느껴져 그녀는 얼굴을 붉히며 답했다.

❺ 友人の言葉が胸に突き刺さり、それがぼくの考え方を変えるきっか
　けにもなった。

친구의 말이 가슴에 꽂혀 그것이 내 생각을 바꾸는 계기도 되었다.

090 突き進む □□□□

意 돌진하다, 힘차게 나아가다.

用 突き進む는 '勢いよく進む, どんどん前進する'의 의미로, 'ゴールへ突き進む(골에 돌진하다), 目的に向かって突き進む(목적을 향해 나아가다)'처럼, 힘차게 앞으로 나아가는 경우에 사용한다.

例

❶ 木の枝を掻き分け森の中を突き進むと、急に目の前が開けた。
나뭇가지를 헤치고 숲속을 돌진하자 갑자기 눈앞이 열렸다.

❷ 昭和初期、日本は軍国主義への道をまっしぐらに突き進んでいった。
昭和 초기 일본은 군국주위로의 길을 무서운 기세로 돌진해 갔다.

❸ 周囲の建物をまるで存在しないがごとくに破壊しながら突き進んでくる。
주위의 건물을 마치 존재하지 않는 것처럼 파괴하면서 돌진해 온다.

❹ それを妨害する者は何であっても粉々に破壊して突き進むだけである。
그것을 방해하는 자는 무엇이든 산산히 파괴하여 돌진할 뿐이다.

❺ 攻撃する時はヤリを持ち、横を見ないで目標に向かって真っ直ぐ突き進む。
공격할 때는 창을 들고 옆을 보지 않고 목표를 향해 곧바로 돌진한다.

091 突き出す

意 밀어내다. 쑥 내밀다. 경찰 등에 넘기다, 돌출하다.

用 突き出す(他①②③/自④)는 '① 人を突いて外へ押し出す ② すばやく前の方へ押し出す ③ 悪事を働いた者を警察などに引き渡す ④ そのものの一部が外や前の方へ張り出す, 突き出る'의 의미로, 사람을 밀어내거나 얼굴이나 증거 등을 내밀거나 죄인을 넘기거나 물체의 일부가 돌출되어 있는 경우에 사용한다.

例

❶ 酔っ払った客を店の主人は外へ突き出した。
취한 손님을 가게 주인은 밖으로 밀어냈다.

❷ 少年はくちびるを突き出して不満そうな表情をした。
소년은 입술을 내밀고 불만스러운 표정을 지었다.

❸ 店に忍び込んだこそどろを捕まえて交番に突き出した。
가게에 잠입한 좀도둑을 잡아 파출소로 넘겼다.

❹ 動かぬ証拠を目の前に突き出され、犯人はしどろもどろになった。
꼼짝 못 할 증거가 눈앞에 내밀어져 범인은 횡설수설하였다.

❺ 二階の窓から顔を突き出して遊びに行こうとする兄を呼び止めた。
2층 창문에서 얼굴을 내밀고 놀러 가려고 하는 형을 불러 세웠다.

092 ›››　突き付ける

意　들이대다, 내밀다.

用　突き付ける는 '① 相手の体を突くように荒々しく差し出す　② 強い態度で相手に 差し出す'의 의미로, '拳銃を突き付ける(권총을 들이대다)', '辞表を突き付ける(사 표를 내밀다)'처럼, 무언가를 사람에게 들이대거나 내미는 경우에 사용한다.

例

❶ 労働者は会社側に待遇改善の要求を突き付けた。
노동자는 회사 측에 대우 개선 요구를 들이댔다.

❷ 犯人の鼻先に逮捕状を突き付け、刑事は警察に連行して行った。
범인의 코앞에 체포장을 내밀고 형사는 경찰로 연행해갔다.

❸ 強盗は店内にいた人たちにピストルを突き付け、金を出せと脅した。
강도는 가게 안에 있던 사람들에게 총을 들이대고 돈을 내놓으라고 위협했다.

❹ 自分が理不尽な書面を突き付けたことに任務とはいえ気が咎めた。
자신이 불합리한 서면을 들이댄 것에 임무라고는 해도 양심에 찔렸다.

❺ まるで背中に刃物を突き付けられたような空気に彼女は身を強張ら せた。
마치 등에 칼을 들이댄 듯한 분위기에 그녀는 몸을 긴장시켰다.

093 突き詰める

意 끝까지 파고들다, 골똘히 생각하다.

用 突き詰める는 '① 究極のところまで行う ② 一つのことだけを深く思い込む, 思い詰める'의 의미로, 무언가를 끝까지 파고들거나 한 가지만을 깊게 생각하는 경우에 사용한다.

例

❶ それを突き詰めて考えることもなく結婚し、以来恋とは無縁の日々を過してきた。

그것을 깊게 생각하는 일도 없이 결혼하여 이후 사랑과는 연이 없는 나날을 보내왔다.

❷ この問題をどう解決するか、先生たちの間では突き詰めた話し合いが持たれている。

이 문제를 어떻게 해결할까, 선생님들 사이에서는 깊은 이야기가 나눠지고 있다.

❸ 問題をいろいろな角度から突き詰めていくと、人はなぜ生きるのかという疑問に至り着く。

문제를 여러 각도에서 파고 들어가면 사람은 왜 사는가 하는 의문에 다다른다.

❹ 君の考えを突き詰めていくと、世の中を動かすのは一握りの優れた人間ということになる。

너의 생각을 파고 들어가면 세상을 움직이는 것은 극소수의 뛰어난 사람이란 것이 된다.

❺ 劇がうまく行かなかったのは君一人の責任じゃないのだから、そんなに突き詰めて考えるな。

극이 잘되지 않는 것은 너 한 사람의 책임은 아니니까 그렇게 골똘히 생각하지 마라.

094　突き止める　□□□□

意　밝혀내다, 찾아내다, 알아내다.

用　突き止める는 '徹底的に調べて不明な点などを明らかにする'의 의미로, '事故の原因を突き止める(사고 원인을 밝혀내다)'처럼, 무언가를 조사하여 밝혀내거나 알아내는 경우에 사용한다.

例

❶ 刑事はとうとう犯人の居場所を突き止めた。
　형사는 드디어 범인의 거처를 알아냈다.

❷ 関係者は真実を突き止めるため、何度も調査をくり返した。
　관계자는 진실을 밝혀내기 위해 몇 번이나 조사를 반복했다.

❸ あの男の性格から真相を突き止めるまでは諦めないだろう。
　저 남자의 성격으로 진상을 밝혀낼 때까지는 단념하지 않을 것이다.

❹ 六か月の調査によって事故の原因を突き止めることができた。
　6개월의 조사에 의해 사고 원인을 알아낼 수 있었다.

❺ 厳しい追及が続けられたが、女の正体を突き止めることはできなかった。
　심한 추궁이 계속되었지만, 여자의 정체를 밝혀낼 수는 없었다.

095 突き抜ける

意 관통하다, 뚫고 나오다, 빠져 나오다.

用 突き抜ける는 '① 突き破って裏まで抜ける, 突き通る ② 向こう側へ通り抜ける'의 의미로, '銃弾·矢が壁·板を突き抜ける(총알·화살이 벽·판자를 관통하다)', '横町·湿地帯を突き抜ける(골목·습지대를을 빠져나오다)'처럼, 무언가를 뚫고 나오거나 빠져 나오는 경우에 사용한다.

例

❶ 地面を突き抜けたアスパラガスの茎がすごい勢いで伸びる。
지면을 뚫고 나온 아스파라거스의 줄기가 대단한 기세로 자란다.

❷ 一発の砲弾が屋根を突き抜け、運河と反対側の壁を抉ったのだ。
한발의 포탄이 지붕을 관통하여 운하와 반대 측의 벽을 도려냈다.

❸ 想像を絶する協力な防御バリアを突き抜けるのは意外にやさしかった。
상상을 초월하는 강력한 방어벽을 뚫고 나가는 것은 의외로 쉬웠다.

❹ 矛盾を乗り越えるというのでなく矛盾の中へ忍びこんで向こうへ突き抜ける。
모순을 극복한다는 것이 아니라 모순 속으로 몰래 들어가 반대편으로 빠져나간다.

❺ 船はうまく脱出して子石のように泡立つ波を突き抜け、渦巻の外に出た。
배는 잘 탈출하여 작은 돌처럼 거품이 이는 파도를 뚫고 나가 소용돌이 밖으로 나왔다.

096 ≫ 付け上がる　□□□□

意　기어오르다, 우쭐해서 거만해지다.

用　付け上がる는 '相手が寛大なのをいいことに増長する'의 의미로, 함부로 행동하거나 기어오르는 경우에 사용한다.

例

❶ こちらが下手に出れば付け上がって、あんまりいい気になるなよ。
이쪽이 공손하게 나오면 기어오르고, 너무 까불지 마.

❷ 丁寧な口をきいていたら、生徒が付け上がってしょうがなかった。
정중한 말씨를 하면 학생이 기어올라 도리가 없었다.

❸ いい加減な目腐れ金をくれているのに付け上がって、我侭もほどほどにしろ。
적당한 약간의 돈을 주고 있는데 함부로 굴다니, 멋대로 하는 것도 적당히 해.

❹ 何を言われても馬鹿みたいににこにこ笑っているから、周りの者が付け上がる。
뭐라 해도 바보처럼 싱글벙글 웃고 있으니 주위 사람들이 기어오른다.

❺ 煽てれば付け上がるし、怒れば拗ねるし、あの子にはまったく手を焼いている。
치켜주면 우쭐해지고 화를 내면 토라지고 저 아이한테는 무척 애를 먹고 있다.

097 　 **付け入る**

[意] 기회를 잘 이용하다, 파고들다, 엿보다.

[用] 付け入る는 '機会をうまく捉えて利用する'의 의미로, '弱点·油断に付け入る'처럼, 무언가에 파고드는 경우에 사용한다. '付け込む'와 같은 의미이며 대상에 'に'를 씀에 주의한다.

[例]

❶ 相手の弱点に付け入って話を有利に運ぼうなどと考えてはいけない。
상대의 약점을 파고들어 이야기를 유리하게 진행하자는 식으로 생각해서는 안 된다.

❷ 法律が複雑になればなるほど悪党どもの付け入る隙も多くなるのだ。
법률이 복잡해지면 질수록 악당들의 파고들 기회도 많아진다.

❸ 僅かな油断に付け入られないよう、空き巣狙いなどには注意しましょう。
작은 방심에 덜미를 잡히지 않도록 빈집털이 등에는 주의합시다.

❹ 試合開始から終了までまったく相手に付け入る隙を与えず完勝した。
시합 개시부터 종료까지 전혀 상대에게 파고들 틈을 주지 않고 완승했다.

❺ 相手はこちらが人がいいのに付け入って大金を騙し取ろうとしていた。
상대는 이쪽이 사람이 좋다는 것을 파고들어 큰돈을 갈취하려고 하고 있었다.

098 付け足す

意 덧붙이다, 첨가하다.

用 付け足す는 '今でにあるものにさらに付け加える, 追加する'의 의미로, '言葉·説明을 付け足す(말·설명을 덧붙이다)'처럼, 무언가를 덧붙이거나 첨가하는 경우에 사용한다. '付け足し(부속)'처럼 명사형으로도 사용한다.

例

❶ プリントの最後に雨が降ったら中止ということを付け足しておいてください。

프린트 마지막에, 비가 내리면 중지라는 것을 첨가해 두십시오.

❷ 納得いかない人がかなりいるようですから、もう少し説明を付け足しましょう。

납득이 가지 않는 사람이 꽤 있는 것 같으니 좀 더 설명을 덧붙입시다.

❸ 編み物の毛糸が足りなくなったので、少し色の違う糸を付け足すことにした。

뜨개질 털실이 모자라게 되어서 약간 색이 다른 실을 덧붙이기로 했다.

❹ 裁判長から何か付け足すことはないかと聞かれて被告人は立ち上がった。

재판장으로부터 무언가 덧붙일 말이 없는지 물어 피고인은 일어났다.

❺ それから付け足すように、あなたは帰るところがあるからね、とぶつぶつ呟いた。

그리고서 덧붙이듯이, 당신은 돌아갈 곳이 있으니까, 하며 뭐라고 중얼거렸다.

099 >>> 付け回す

[意] 악착스럽게 따라다니다, 쫓아다니다.

[用] 付け回すと '어디까지든지 끈질기게 跡をつける'의 의미로, '男がしつこく付け回す(남자가 끈질기게 쫓아다니다)'처럼, 끈질기게 따라다니거나 쫓아다니는 경우에 사용한다.

[例]

❶ 失踪の直前、彼女を挙動の不審な外国人が付け回していた。
실종 직전 그녀를 거동이 수상한 외국인이 따라다니고 있었다.

❷ 腰を砕くか脚を折るかすれば、彼女を付け回すことはできなくなる。
허리를 분지르든지 다리를 자르든지 하면 그녀를 쫓아다니는 일은 불가능해진다.

❸ 無言電話を受けた憶えはないし、誰かに付け回されたという自覚もない。
무언 전화를 받은 기억은 없고 누군가가 따라다닌다고 하는 자각도 없다.

❹ 自分が人に付け回されるほど魅力に溢れていると彼はまったく考えない。
자신이 남이 쫓아다닐 정도로 매력이 넘치고 있다고 그는 전혀 생각하지 않는다.

❺ 一分毎に僕の個人生活に干渉し、一歩毎に僕の後を付け回したがっている。
일분마다 내 개인생활에 간섭하고, 일보마다 내 뒤를 쫓아다니고 싶어 하고 있다.

(100) >>> 突っ込む □□□□

意　돌입하다, 깊이 관계하다, 깊이 파고들다, 처넣다, 처박다, 날카롭게 찌르다, 추궁하다.

用　突っ込む(自①②③/他④⑤⑥⑦⑧⑨)는 '① 激しい勢いで中に入る, 突入する ② 漫才で話題を切り出し相手の反応を促して話を進める, 突っ込みを入れる ③(～んだ, ～んでの 형태로)問題となる点に深く立ち入る様, 深く掘り下げる様 ④あるところに深く入れる ⑤ 無造作に入れる ⑥ 身体部分をどこかに入れる ⑦(首・頭を～의 형태로)物事に興味を持って関係する, 関わりを持つ ⑧ 野球の打撃で体がバランスを崩して前のめりになる ⑨(수동형으로)負い目を鋭く追及される, 激しくつつかれる'의 의미로, 敵陣に突っ込む(적진에 돌입하다), '突っ込んだ話(깊은 이야기)', 'ポケットに手を突っ込んだ(주머니에 손을 찔러 넣다)', '大人の話に首を突っ込む(어른들 이야기에 끼어들다)', '体が前に突っ込む(몸이 앞으로 고꾸라지다)'처럼, 무언가에 강하게 넣는 다양한 상황에 사용한다.

例

❶ この話はあなたに関係ないんだから、首を突っ込まないでください。
이 이야기는 당신과 관계없으니까, 관여하지 말아 주십시오.

❷ 市長は三年前の不正を記者団から突っ込まれ、明らかに動揺していた。
시장은 3년 전의 부정을 기자단으로부터 추궁당하여 분명히 동요하고 있었다.

❸ 散らかっている物を引き出しに突っ込んだだけじゃ、片付けたことにならない。
흩어져 있는 것을 서랍에 처넣은 것만으로는 정리한 것이 되지 않는다.

④ 私の論文を読んだ教授はもう一歩突っ込んで考えてほしかったと

おっしゃった。

내 논문을 읽은 교수는 한 발 더 파고 들어가 생각해 줬으면 좋겠다고 말씀하셨다.

⑤ 短い時間だったが、先生と二人きりだったので、突っ込んだ話をす

ることができた。

짧은 시간이었지만, 선생님과 단둘이었기 때문에 깊은 이야기를 할 수 있었다.

101 突っ走る

意 힘차게 달리다, 질주하다, 멋대로 행동하다, 목적을 향해 돌진하다, 독주하다.

用 突っ走る는 '① 勢いよく走る, 疾走する ② ある目的に向かってまっしぐらに突き進む'의 의미로, 自動車が突っ走る(자동차가 힘차게 달리다), わき目もふらず突っ走る(옆눈 팔지 않고 곧바로 달리다), 首位を突っ走る(수위를 독주하다)처럼, 힘차게 달리거나 혼자서 달려가는 경우에 사용한다.

例

❶ そんなに突っ走らないで、他人の意見にも耳を傾けてごらん。
그렇게 멋대로 행동하지 말고 남의 의견에도 귀를 기울여 봐.

❷ あとも見ずに数十メートル突っ走り、緑の芝生にうち倒れた。
뒤도 보지 않고 수십 미터를 내달려 수풀 잔디에 쓰러졌다.

❸ 彼らがどんなに残酷な暴力行為に突っ走るかは、いたるところで例証されている。
그들이 얼마나 잔혹한 폭력행위에 내달리는지는 도처에서 증명되고 있다.

❹ 戦争への道を突っ走った軍部の勢いを日本の政治家はだれも止めることができなかった。
전쟁으로의 길을 질주하던 군부의 위세를 일본 정치가는 누구도 막을 수 없었다.

❺ 私はかっと眼を見開いたが、そのとたん、ゾーッと全身を電波のような恐怖が突っ走った。
나는 확 눈을 크게 떴는데, 그 순간 오싹 전신을 전파와 같은 공포가 뚫고 지나갔다.

102 >>> 突っ張る

意 버티다, 근육이 당기다, 자기주장을 밀어붙이다, 불량배인 체하다, 떠받치다, 힘주다,
씨름에서 손바닥으로 상대 가슴을 내밀치다.

用 突っ張る는(自①②③/他④⑤⑥) '① 強く張って堅くなる ② 自分の主張を押し通そ
うとして強く抵抗する ③ 虚勢を張って不良じみた態度を取る ④ 棒などを押し当て
て倒れないように支える ⑤ 突き出した腕や足に力を入れる ⑥ 相撲で平手を伸ば
して相手の胸を交互に突く'의 의미로, '筋肉・腹の皮・横腹が突っ張る(근육・뱃가
죽・옆구리가 땅기다)', '欲の皮が突っ張る(욕심이 많다)', '突っ張っている学生(불량
배인체 하는 학생)', '棒で塀を突っ張る(막대기로 담을 지탱하다)', '両腕を突っ張っ
て荷車を押す(양팔로 힘을 주어 짐차를 밀다)'처럼 다양하게 사용한다.

例

❶ パックした後は顔が突っ張るような感じがする。
팩을 한 뒤에는 얼굴이 땅기는 듯한 느낌이 든다.

❷ 犬は両足を突っ張り、どんなに引いても動こうとしなかった。
개는 양발을 버티고 서서 아무리 끌어도 움직이려 하지 않았다.

❸ どんなに意見しても彼は自分が正しいと突っ張って聞かない。
아무리 의견을 내도 그는 자기가 옳다고 버티고 듣지 않는다.

❹ 肌は鼻のあたりから後ろへ引っぱられているみたいに突っ張っている。
피부는 코언저리부터 뒤로 당겨져 있는 것 같이 당기고 있다.

❺ それから突っ張るように手を伸ばして相手が書斎の中までは入れな
いようにした。
거기에서 밀어내듯이 손을 뻗어 상대가 서재 안까지는 들어가지 못하도록 했다.

103 >>> 摘み取る

意 따다, 제거하다, 없애버리다.

用 摘み取る는 '① 植物の芽・葉・実などを指先で摘んで取る ② 大きく育つ前に取り除く'의 의미로, '芽を摘み取る(싹을 제거하다)', '才能を摘み取る(재능을 없애버리다)'처럼, 식물 등을 손으로 따거나 크기 전에 미리 제거하거나 없애는 경우에 사용한다.

例

❶ 私はバラの花を摘み取るまでいばらと戦おうと勇気を起こした。
나는 장미꽃을 딸 때까지 가시와 싸우고자 용기를 냈다.

❷ 子供を枠に嵌めてばかりいると、その秘められた才能を摘み取ることになる。
아이를 틀에 박아만 놓고 있으면 그 숨겨진 재능을 없애버리는 것이 된다.

❸ 心ない言葉によって努力の芽を摘み取ることがないよう、教師は心がけている。
마음에 없는 말에 의해 노력의 싹을 제거하는 일이 없도록 교사는 주의하고 있다.

❹ 大輪の菊の花を咲かせるためには大きなつぼみを一つだけ残してあとは摘み取る。
꽃송이가 큰 국화를 피우기 위해서는 큰 봉오리를 하나만 남기고 나머지는 딴다.

❺ 彼は自己の芸術的天分を摘み取った酒というものに対して極端な憎悪の念を持っていたはずだ。
그는 자기의 예술적인 천성을 없애는 술이란 것에 대해 극단적인 증오의 마음을 가지고 있었을 것이다.

104 ▷▷▷ 詰め掛ける

【意】 몰려들다.

【用】 詰め掛けるは '大勢の人が一カ所に押し掛ける'의 의미로, 어떤 일로 많은 사람이 그곳으로 몰려드는 경우에 사용한다.

【例】

❶ 似たような格好の若い男女のグループばかりが詰め掛けてくる。
비슷한 차림의 젊은 남녀 그룹만이 몰려든다.

❷ 情況はガラリと変わって昨夜の何倍もの警察官が詰め掛けている。
정황은 완전히 바뀌어 어젯밤 몇 배의 경찰관이 몰려들고 있다.

❸ デパートの開店と同時にバーゲン会場にはたくさんの主婦が詰め掛けた。
백화점 개점과 동시에 바겐세일 회장에는 많은 주부가 몰려들었다.

❹ 空港には人気スターの来日を待ちわびた女性ファンが大勢詰め掛けている。
공항에는 인기스타의 방일을 고대하던 여성 팬이 많이 몰려들고 있다.

❺ 誰もこの小さな教会にこんなに多くの人が詰め掛けたのは見たことがなかった。
누구나 이 작은 교회에 이렇게 많은 사람이 몰려든 것은 본 적이 없었다.

105　吊り上げる / 釣り上げる　□□□□

意　吊り上げる 매달다, 매달아 올리다, 치켜올리다, 값을 끌어올리다.

　　吊り下げる 매달다.

用　吊り上げる/釣り上げる는 '① 物を吊って上に持ち上げる ② 引きつらせて上へ上げる ③ 物の値段を人為的に高くする'의 의미로, 물건을 매달아 올리거나 눈을 치켜올리거나 물가를 끌어올리는 경우와 물고기를 낚아 올리는 경우에 사용한다.

　　吊り下げる는 '吊して下げる, ぶら下げる'의 의미로, 軒に風鈴を吊り下げる(처마에 풍경을 매달다), 天井から吊り下げたシャンデリア(천장에 매단 샹들리에)처럼, 물건을 매달아 내리는 경우에 사용한다.

例

[吊り上げる]

❶ 見る見るうちにクレーンは重い荷物を吊り上げていく。
순식간에 크레인은 무거운 짐을 들어올리기 시작한다.

❷ 先月の物価を吊り上げる原因となったのは野菜の値段の急上昇だ。
지난달 물가를 끌어올리는 원인이 된 것은 야채 가격의 급상승이다.

❸ 一瞬、店主は驚いたように首を竦めてみせ唇を吊り上げて微笑した。
일순 점주는 놀란 듯이 목을 움츠려 보이며 입술을 치켜올리며 웃었다.

❹ 一度吊り上げられて、そっとまた下ろされて、そんな姿勢になったのだ。
한번 들어 올려졌다 살짝 또 내려져 그런 자세가 된 것이다.

⑤ 赤い顔で目を吊り上げて、きっと彼女は指で鉛筆の跡を擦っているのだ。

붉은 얼굴로 눈을 치켜올리고 분명 그녀는 손으로 연필 흔적을 문지르고 있다.

[吊り下げる]

❶ それまでの馬車の懸架装置は座席を革製の紐で吊り下げるものであった。

그때까지의 마차의 현가장치는 좌석을 가죽끈으로 늘어트린 것이었다.

❷ 胸の前に吊り下げるための大形円筒型の自転車用懐中電灯一個を準備した。

가슴 앞에 매달기 위한 대형 원통형의 자전거용 회중전등 하나를 준비했다.

❸ ヒートンは壁などに捩じ込んで物を吊り下げるために用いる金具の一種である。

아이볼트는 벽 등에 박아 무언가를 매달기 위해 이용하는 쇠붙이의 일종이다.

❹ 首から吊り下げる箱形の機械と、それにコードで繋がったマイクのような道具で構成される。

목에서 늘어트린 상자형 기계와 그에 코드로 연결된 마이크와 같은 도구로 구성된다.

❺ 彼等の目元にはヘルメットから吊り下げる様な形で装着された双眼鏡の様なものが覆っている。

그들의 눈 밑에는 헬멧에서 매단 듯한 형태로 장착된 쌍안경과 같은 것이 덮고 있다.

106 ≫≫ 連れ去る □□□□

意 다른 곳으로 데려가다, 납치하다.

用 連れ去る는 '人を連れてよそへ行く, 人を連れて行方をくらます'의 의미로, '赤ん坊·子供を連れ去る'처럼, 아이·어린이 등을 몰래 데려가거나 납치하는 경우에 사용한다.

例

❶ 遊園地から子供を連れ去る事件が起こった。
유원지에서 아이를 납치하는 사건이 일어났다.

❸ それも三日後には両親が連れ去るようにして退院させてしまった。
그것도 삼 일 후에는 부모가 납치해가듯이 하여 퇴원시켜 버렸다.

❷ きっと誘拐されてどこかへ連れ去られたのだろうと、みんな考えるはずだ。
분명 유괴되어 어딘가에 납치된 것이라고 모두 생각할 터이다.

❹ 男は恋人が高波に連れ去られないよう掴まえているだけで精一杯だった。
남자는 연인이 높은 파도에 쓸려가지 않도록 잡고있는 것만으로 최선이었다.

❺ たった一人の大切な弟が訳の解らない世界に連れ去られて戻ってこないのだ。
단 하나의 소중한 동생이 정체도 모르는 세계에 끌려가 돌아오지 않는다.

107 連れ添う

意 부부가 되다, 부부로서 같이 살다.

用 連れ添う는 '夫婦となる, 夫婦として一緒に暮らす, 連れ合う'의 의미로, '彼女と連れ添う(그녀와 부부가 되다), 夫と連れ添う(남편과 같이 살다)'처럼, 부부로서 함께하는 경우에 사용한다.

例

❶ 父と母が連れ添って四年目に私が生まれた。
아버지와 어머니가 부부가 된 지 4년 만에 내가 태어났다.

❷ 長年連れ添った夫婦だから、隠し事をするにしても限界がある。
오랜 기간 함께한 부부이기 때문에, 무언가를 숨긴다 해도 한계가 있다.

❸ 今は離れて暮らす日が多くなったが、十年連れ添っている亭主である。
지금은 헤어져 보내는 날이 많아졌지만 10년 부부로 같이 사는 남편이다.

❹ たとえ何十年連れ添っても心は満たされないし、心の絆も形成されない。
설령 몇십 년 함께 살아도 마음은 채워지지 않고 마음의 연도 형성되지 않는다.

❺ 私生活では料亭経営者の令嬢と結婚、長年連れ添い一男一女を授かった。
개인적으로는 요정경영자의 딸과 결혼, 오랜 세월 부부로 살며 1남 1녀를 두었다.

108 >>> 出くわす　□□□□

意　우연히 만나다, 딱 마주치다, 맞닥뜨리다.

用　出くわす는 'たまたま出会う, 偶然に行き合う'의 의미로, 누군가와 우연히 만나거나 어떤 상황에 맞닥트린 경우에 사용한다.

例

❶ 公園に行く途中で犬に出くわして思わず後ずさりした。
공원으로 가는 도중 개와 마주쳐 자기도 모르게 뒷걸음질 쳤다.

❷ どこで道を間違えたのか、私は見慣れない場所に出くわした。
어디서 길을 잘못 들었는지 나는 익숙치 않은 장소에 맞닥뜨렸다.

❸ 自動車事故の現場に出くわしてしまい、遠回りをしたので遅刻した。
자동차 사고 현장과 맞닥뜨려서 멀리 돌아와서 지각했다.

❹ 順調に行っていた作業もやっかいな問題に出くわし、立ち往生してしまった。
순조롭게 진행되었던 작업도 성가신 문제에 부딪혀서 꼼짝 못 하는 상태였다.

❺ 知らない単語に出くわす度に辞書を引いていたら、一日で五ページしか進めなかった。
모르는 단어를 만날 때마다 사전을 찾았더니, 하루에 5페이지밖에 나가지 못했다.

手なずける

意 길들이다, 회유하다, 잘 길들이다.

用 手なずける는 '①うまく扱って自分になつくようにする ②うまく扱って味方に引き入れる, 慕わせて自分の手下にする'의 의미로, 개 등을 잘 길들이거나 사람을 잘 다뤄 자기 편으로 끌어들이거나 따르게 하여 자신의 부하로 만드는 경우에 사용한다.

例

❶ あの犬はうまく手なずけてあるから、ぼくには吠えないんだ。
저 개는 잘 길들어져 있어서 나에게는 짖지 않는다.

❷ うちの弟を手なずけて私のことをいろいろ聞き出してるのは君ね?
우리 남동생을 잘 따르게 만들어 나에 대해 이것저것 캐낸 것은 너지?

❸ 当時は乗馬が初めてであり、手なづけることに非常に苦労を重ねた。
당시는 승마가 처음이어서 길들이는데 아주 고생을 거듭했다.

❹ 彼は所謂人好きのいい男で、殊に院内の看護師達をすぐに手なづけることができた。
그는 소위 붙임성이 좋은 남자로 특히 원내 간호사들을 바로 친하게 만들 수 있었다.

❺ 彼は金のためならどんな悪事も辞さないという名うてのごろつきを二人、手なづけておいた。
그는 돈 때문이라면 어떤 나쁜 일도 불사한다는 유명한 깡패를 둘 잘 길들여 두었다.

110 >>> 手向かう

意 맞서다, 대항하다, 반항하다.

用 手向かうと '腕力や武力を用いて反抗する, 力で立ち向かう'의 의미로, '親に手向かう(부모에게 반항하다), 敵に手向かう(남에게 맞서다)'처럼, 대상에 맞서 대항하는 경우에 사용한다.

例

❶ 腕力のある彼にはだれも手向かう者はいなかった。
완력을 쓰는 그에게는 아무도 맞서는 자가 없었다.

❷ 敵は頑強に手向かったが、間もなく散散に逃げてしまった。
적은 완강하게 저항했지만, 이윽고 뿔뿔이 도망쳐 버렸다.

❸ 上級生に揶揄われた一年生はその上級生に手向かっていった。
상급생에게 놀림을 당한 1학년생은 그 상급생에게 대들었다.

❹ 最初から敗けると判っている戦いを下手に手向かうからいけないのだ。
처음부터 질 것이라 알고 있는 싸움을 무모하게 맞서니까 안되는 것이다.

❺ このピストルは手向かう者のあったとき、自分の身を守るためにだけ使うのだ。
이 권총은 대항하는 자가 있을 때 자신의 몸을 지키기 위해서만 쓰는 것이다.

111　照らし合わせる

意　대조하다, 조회하다, 양쪽에서 비추다.

用　照らし合わせるは '異同などを確かめるために比べ合わせる, 照合する'의 의미로, 진위 여부나 사실관계를 확인하기 위해 대조·조회하거나 양쪽에서 비춰보는 경우에 사용한다.

例

❶ 表札はないが住所番地と照らし合わせると間違いなくその家だった。
문패는 없지만 주소번지와 대조해보면 틀림없이 그 집이었다.

❷ 時刻と場所とを照らし合わせると、事の真実を掴んだ記事らしかった。
시각과 장소를 대조해보면 일의 진실을 파악한 기사인 것 같았다.

❸ ここ数日間の体験と照らし合わせると、文脈は通じているように思われる。
요 며칠간의 체험과 대조하면 문맥은 통하고 있는 듯이 생각된다.

❹ 図書係は本を受け取るとき、本とカードをよく照らし合わせてから受け取る。
도서 담당은 책을 받을 때 책과 카드를 잘 대조하고 나서 받는다.

❺ 気軽に承知してしまったが、彼の常識に照らし合わせるとこれは極めて早い展開である。
가볍게 승낙해버렸지만, 그의 상식에 비추어보면 이것은 지극히 빠른 전개이다.

─(112) >>> 問い詰める

意   끝까지 캐묻다, 추궁하다.

用   問い詰める는 '納得できる答えが得られるまで厳しく訪ねる, 詰問する'의 의미로, 이유나 상황 등을 자세히 따지거나 추궁하는 경우에 사용한다.

例

❶ おかしいと気づいて税関員の一人を問い詰めた結果がこれだった。
이상하다고 느껴 세관원 한사람을 추궁한 결과가 이것이었다.

❷ 緊張すると言っていた相手をまったく気後れせずに問い詰めている。
긴장한다고 말했던 상대를 전혀 기죽지 않고 추궁하고 있다.

❸ 警察の人間と目が合っただけで問い詰められているような感覚になる。
경찰인 사람과 눈이 마주친 것만으로 추궁당하고 있는 듯한 감각이 된다.

❹ その事実が分かった以上、下手に問い詰めない方が得策かもしれない。
그런 사실을 안 이상 섣불리 추궁하지 않는 편이 상책일지도 모른다.

❺ 何か悪いことをして問い詰められた時、最後には決まってこういう顔になる。
무언가 나쁜 짓을 하여 추궁당했을 때 마지막에는 으레 이런 얼굴을 한다.

113 　閉じ込める

（意）　가두다, 감금하다.

（用）　閉じ込めるは‘出入り口を閉めて外へ出られないようにする’의 의미로, 사람을 가
두거나 감금하는 경우에 사용한다. ‘閉じ込められる’의 형태로 어딘가에 갇힌 경우
에 많이 사용한다.

（例）

❶ ハチを瓶の中に閉じ込めて長時間観察した。
벌을 병 속에 가두어 장시간 관찰했다.

❷ 悪戯をした男の子はお仕置として鍵をかけた小屋に閉じ込められた。
장난을 친 남자아이는 벌로 자물쇠를 채운 작은집에 갇혔다.

❸ 冬じゅう雪に閉じ込められる人々にとって春の訪れは心から嬉し
かった。
겨울 내내 눈에 갇히는 사람들에게 있어서 봄의 도래는 진심으로 기뻤다.

❹ 村へ帰る途中、雪崩れに会い、僕たちは洞穴に閉じ込められてし
まった。
마을로 돌아오는 도중 눈사태를 만나 우리는 동굴에 갇히고 말았다.

❺ 思春期には素直であろうとすればするほど、かえって自分を固い殻
に閉じ込めたりするものだ。
사춘기에는 순수해지려고 하면 할수록 오히려 자신을 단단한 자기 세계에 가두거나 하는 법이다.

114 >>> 取って代わる

□□□□□

[意] 교대하다, 교체하다, 대신하다.

[用] 取って代わる는 '入れ替わってその位置を占める, 交代する'의 의미로, 'レギュラーに取って代わる(레귤러와 교체하다)', '人類に取って代わる(인류를 대신하다)'처럼, 무언가에 대신하는 경우에 사용하며, 대상에는 조사 に를 사용한다.

[例]

❶ 一つの世代が死ぬと、次の世代がそれに取って代わる。
한 세대가 죽으면 다음 세대가 그를 대체한다.

❷ 力強さが甘さに取って代わるのに、彼の場合は時間がかかるのだ。
강력함이 달콤함에 대신하는데 그의 경우는 시간이 걸린다.

❸ 怠けているレギュラーに取って代わって補欠の選手が正位置についた。
게으름 피우고 있는 레귤러와 교체해서 보결 선수가 정위치에 섰다.

❹ 他の生物が人類に取って代わって、この地上に君臨する日が来るだろう。
다른 생물이 인류와 교체하여 이 지구상에 군림할 날이 올 것이다.

❺ アリなんか、いてもいなくてもどうでもいいが、いつ人類に取って代わるか分からない。
개미 등은 있어도 없어도 아무래도 좋으나, 언제 인류를 대신할지 모른다.

115))) 飛び交う □□□□

意 어지러이 날다, 난비하다, 난무하다.

用 飛び交うと'多くのものが入り乱れて飛ぶ, 飛び違う'의 의미로, 곤충이나 언어·소문·물체 등이 서로 어지러이 날아 교차하는 경우에 사용한다.

例

❶ 水辺の草むらに蛍の飛び交うのが見えた。
물가 풀숲에 개똥벌레가 어지러이 나는 것이 보였다.

❷ 弾丸が飛び交う戦場を兵士たちは休むことなく前進を続けた。
탄환이 난비하는 전장을 병사들은 쉬지 않고 계속 전진했다.

❸ 数日が経過した頃から工場内で妙な噂が飛び交うようになった。
수일이 경과한 때부터 공장 내에서 묘한 소문이 교차하게 되었다.

❹ 様々な映像が頭の中を飛び交っただけで結局何も口にすることはできなかった。
여러 영상이 머릿속을 교차했을 뿐으로 결국 아무것도 말할 수는 없었다.

❺ 世界中から選手が集まっているだけあって、選手村ではさまざまな言葉が飛び交う。
전 세계에서 선수가 모여 있는 만큼 선수촌에서는 여러 나라 말이 난무한다.

116 ⟫⟫⟫ 飛び付く □□□□

意 달려들다, 달라붙다, 무턱대고 손을 대다.

用 飛び付くは '① 身を踊らせてすがり付く ② 強く興味を引かれて前後の考えもなく手を出す'의 의미로, '物・人・話に飛び付く(사물・사람・이야기에 달려들다)', '流行に飛び付く(유행을 따르다)'처럼, 대상에 달려들거나 흥미에 이끌려 생각 없이 손을 대는 경우에 사용된다.

例

❶ シロは、ぼくが帰ると、ワンワン吠えながら飛び付いてくる。
시로는 내가 돌아오면 멍멍 짖으면서 달려든다.

❷ スタートの合図と同時に男の子は木に飛び付いて登り始めた。
출발 신호와 동시에 남자는 나무에 달려들어 오르기 시작했다.

❸ ちょっともうかる話をすれば、欲張りな彼のことだ、すぐにも飛び付いてくる。
좀 돈벌이가 되는 얘기를 하면 욕심이 많은 그가 곧 달려든다.

❹ とびきり安かったので飛び付いて買ったが、一回洗ったらだめになってしまった。
굉장히 쌌기 때문에 달려들어 샀지만 한번 빨았더니 엉망이 되어 버렸다.

❺ その会社の条件が良かったので飛び付いたのだが、どうも仕事に興味が湧かなかった。
그 회사의 조건이 좋았기 때문에 달려들었지만, 전혀 일에 흥미가 생기지 않았다.

⨀117 取り合う

意 상대·관계하다, 서로 다투어 빼앗다, 쟁탈하다, 서로 손을 잡다, 서로 취하다.

用 取り合う(自①他②③)는 '①相手にする, 関わり合う ②お互いに取ろうとして争う, 奪い合う ③お互いに手と手を握る'의 의미로, 부정어를 동반하여 상대해 주지 않거나 서로 빼앗으려 쟁탈을 벌이거나 서로 손을 맞잡는 경우에 사용한다.

例

❶ 優勝の知らせを聞いた瞬間、ぼくたちは手を取り合って喜んだ。
우승 소식을 들은 순간 우리는 손을 마주 잡고 기뻐했다.

❷ ぼくが冷たい態度を取っている間に連絡を取り合っていたらしい。
내가 차가운 태도를 취하고 있는 사이에 연락을 주고받았던 것 같다.

❸ 公園の砂場では男の子が二人、スコップを取り合ってけんかを始めた。
공원 모래밭에서는 남자아이 둘이 꽃삽을 서로 뺏으려 붙잡고 싸움을 시작했다.

❹ 最初は誰も取り合わなかったが、調査の結果、事実であることが判明した。
처음에는 아무도 상대해 주지 않았지만, 조사 결과 사실임이 판명되었다.

❺ 何度も何度も頭を下げてお願いしたが、係員はまるで取り合ってくれなかった。
몇 번이고 몇 번이고 머리를 숙여 부탁했지만, 담당자는 전혀 상대해 주지 않았다.

(118) 取り上げる

意 집어 들다, 받아들이다, 다루다, 빼앗다, 몰수·징수하다, 아이를 받다.

用 取り上げるは '① 手にとって持ち上げる ② 意見や申し出を受け入れる ③ 特に取り立てて問題にする ④ 相手が持っているものを無理に奪う ⑤ 財産・権利・地位などを奪い取る, 没取する ⑥ 税金などを取り上げる, 徴収する ⑦ 産婦を助けて子を生ませる'의 의미로, 집어서 들거나 받아들이거나 문제 삼아 말하거나 하는 경우와 빼앗거나 몰수하거나 징수하는 것과 같이 상대로부터 무언가를 취해 내는 경우, 아이를 받는 경우에 사용한다.

例

① 机の上の本を手に取り上げ、パラパラと捲ってみた。
책상 위의 책을 집어 들고 훌훌 책을 넘겨봤다.

② 輸入企業の円売りが円安の要因として取り上げられている。
수입 기업의 엔 매도가 엔화 약세의 요인으로 거론되고 있다.

③ ガードレールの設置の訴えは、なかなか市に取り上げられない。
가드레일을 설치해달라는 호소는 좀처럼 시에 받아들여지지 않는다.

④ 今と違って昔は家で産婆さんに赤ん坊を取り上げてもらったものだ。
지금과 달리 옛날에는 집에서 산파가 아기를 받았었다.

⑤ 人のいい老夫婦はうまいこと言いくるめられ、財産を取り上げられた。
성품이 좋은 노부부는 감쪽같은 말솜씨에 넘어가 재산을 빼앗겼다.

119 取り押さえる

意 억누르다, 꼼짝 못 하게 하다, 붙잡다, 체포하다.

用 取り押さえる는 '① 押さえて動けないようにする ② 逃げようとするものを捕える'의
의미로, 날뛰는 동물을 꼼짝 못 하게 붙잡거나 범죄자나 그 현장을 잡는 경우에 사용
한다.

例

❶ 彼は荒れ狂う牛を素手で取り押さえたという力持ちである。
그는 미친 듯이 날뛰는 소를 맨손으로 꼼짝 못 하게 했다는 장사이다.

❷ アパートの住人の協力で泥棒を取り押さえ、交番に突き出した。
아파트 주민의 협조로 도둑을 붙잡아 파출소에 넘겼다.

❸ 張り込みを続けた刑事はついに麻薬密売の現場を取り押さえた。
잠복근무를 계속하던 형사는 마침내 마약 밀매 현장을 잡았다.

❹ 男は自分で取り押さえようのない苛立ちを覚えながら呟きを繰り返
した。
남자는 스스로 억누를 수 없는 초조함을 느끼면서 계속해서 중얼거렸다.

❺ 取り押さえられたままの小柄な若者は不安そうな瞳を左右に動かし
ている。
제압된 채의 자그마한 젊은이는 불안한 듯한 눈동자를 좌우로 움직이고 있다.

120 ≫≫ 取り込む □□□□

意　(自) 어수선하다, 혼잡하다 (他) 거둬 들이다, 받아들이다, 취해 넣다, 수중에 넣다, 자기 것으로 하다, 구슬리다, 내 편으로 끌어들이다.

用　取り込む(自①他②③④⑤)는 '① 不意の出来事などでごたごたする ② 外にあるものを取って中に入れる ③ 光線などを導き入れる ④ 受け入れて自分のものにする ⑤ 人を丸め込んで自分の側に引き入れる'의 의미로, 뜻밖의 사건으로 어수선하거나 빨래나 밖에 있는 물건을 안으로 거둬들이거나 빛 등을 끌어들이거나 수법 등을 받아들이거나 자기 편으로 끌어들이는 경우에 사용한다.

例

❶ 急に雨が降り出し、大慌てで洗濯物を取り込んだ。
갑자기 비가 내리기 시작해서 급히 서둘러서 세탁물을 거둬들였다.

❷ 実力ナンバーワンの彼を味方に取り込めば、鬼に金棒だ。
실력 넘버원인 그를 아군으로 끌어들이면 범에게 날개를 달아주는 것이다.

❸ 今日はちょっと取り込んでおりますので、後日改めておいでください。
오늘은 좀 어수선하니 후일 다시 와 주십시오.

❹ 力を得たい男を仲間に取り込む一つの手段として、それは十分に通用する。
힘을 얻고 싶은 남자를 같은 편으로 끌어들이는 하나의 수단으로서 그것은 충분히 통용된다.

❺ 吐く息さえ嘘のようで、肺に取り込む空気がないと思うほどの静かな夜であった。
내뱉는 숨조차 거짓 같아 폐에 들이킬 공기가 없다고 생각할 정도의 조용한 밤이었다.

121 **取り下げる**

意 취하하다, 철회하다.

用 取り下げる는 'いったん提出した書類などを取り戻す, いったん提起した訴えや申し立てを撤回する'의 의미로, 고소·소송·요구·명령·제안 등을 취하 또는 철회하는 경우에 사용한다.

例

❶ 裁判も訴えを取り下げる意向を示し、事態は収束した。
재판도 소를 취하하는 의향을 표해 사태는 수습되었다.

❷ 解放軍に対してはその独立要求を取り下げるように求めた。
해방군에 대해서는 그 독립 요구를 철회하도록 요구했다.

❸ 警察へ行って訴訟は取り下げるとも私に約束してくれた。
경찰에 가서 고소는 취하한다고도 나에게 약속해 주었다.

❹ 何よりも帰国命令を取り下げるように働きかけることが先決である。
무엇보다도 귀국 명령을 철회하도록 요구하는 것이 먼저이다.

❺ 彼は涙ながらに訴訟を取り下げるように頼んだが、夫は頑なに応じなかった。
그는 눈물지으면서 소송을 취하하도록 부탁했지만, 남편은 완고하게 응하지 않았다.

122))) 取と り仕し切き る

□□□□

意 관리하다, 처리하다.

用 取と り仕し切き る는 '責せき任にん を持も って一いっ切さい を処しょ理り する'의 의미로, 사람이나 일, 장소 등을 책임지고 관리·처리하는 경우에 사용한다.

例

❶ あの男おとこ がこの辺あた り一いっ帯たい の盛さか り場ば を取と り仕し切き るやくざの親おや分ぶん だ。
저 남자가 이 주변 일대의 번화가를 관리하는 조직폭력배의 두목이다.

❷ 主しゅ人じん が亡な くなってから、おかみさんがこのお店みせ を取と り仕し切き っている。
남편이 죽고 나서 여주인이 이 가게를 관리하고 있다.

❸ たとえ二ふた人り でも部ぶ下か を取と り仕し切き るにはそれだけの力りき量りょう が必ひつ要よう である。
설령 두 사람이라도 부하를 관리하는 데는 그만큼의 역량이 필요하다.

❹ ずっと昔むかし からこの館やかた で働はたら いている使し用よう人にん の女じょ性せい で厨ちゅう房ぼう を取と り仕し切き っている。
쭉 옛날부터 이 저택에서 일하고 있는 고용인 여성으로 주방을 관장하고 있다.

❺ 人ひと を指さし図ず し、仕し事ごと を取と り仕し切き る身み になったことを大たい変へん な名めい誉よ だと男おとこ は思おも った。
사람을 지시하고 일을 관리하는 몸이 된 것을 대단한 명예라고 남자는 생각했다.

123　取り立てる

意　거두다, 징수하다, 특별히 내세우다, 발탁하다.

用　取り立てるは '①強く催促して取る, 強制的に徴収する ②多くのものの中から特に取り上げる ③特に目を懸けて抜擢する, 特に選んで登用する'의 의미로, 세금을 거두거나 무언가를 특별히 내세우거나 사람을 발탁·중용하는 경우에 사용한다.

例

① 領主は情け容赦なく農民から年貢を取り立てていった。
영주는 인정사정 없이 농민에게서 공물을 거둬들여 갔다.

② 借金を取り立てるというのは、実に気の重い仕事である。
빚을 받아낸다고 하는 것은 실로 마음 무거운 일이다.

③ 王は才覚のある家臣を大臣に取り立て、政治に参加させることにした。
왕은 재치 있는 가신을 장관으로 발탁해 정치에 참여시키기로 했다.

④ 農奴は死んでしまっているのに税金だけは生きている通りに取り立てるのだ。
농노는 죽어버렸는데 세금만은 살아있는 것처럼 징수하는 것이다.

⑤ 昨日は一日中家でごろごろしていたので、取り立ててこれといった話はない。
어제는 하루 종일 집에서 빈둥거리고 있었기에, 특별히 이렇다 할 이야기는 없다.

124 》》》 取り付く

意 매달리다, 맞붙다, 착수하다, (귀신) 씌다, 홀리다, 달라붙다.

用 取り付くは '① 離れないようにしっかりと捕まる, すがり付く ② しっかりと組み付く ③ 物事をし始める取り掛かる ④ 魔物などが人に乗り移る ⑤ ある考えや感情が 頭から離れなくなる'의 의미로, 꽉 붙잡아 매달리거나 일에 착수하거나 귀신 따위가 씌거나 무언가가 머리에 달라붙거나 하는 경우에 사용하며, 'とりつく島がない(맞붙일 엄두도 못 내다, 쌀쌀맞다)'와 같은 표현으로도 사용한다.

例

❶ さっきまでとは打って変わり、まさに取り付く島もないそっけなさだった。
아까와는 전혀 달리 실로 말 붙일 엄두도 못 낼 쌀쌀함이었다.

❷ 機嫌の悪いときの彼女ときたら、ぶすっとしてまったく取り付く島が ない。
기분이 나쁠 때의 그녀는 정말 뾰로통해서 전혀 말 붙일 엄두도 못 낸다.

❸ その夜は夕食後来客があって、仕事に取り付いたのは八時過ぎ だった。
그날 밤은 저녁 식사 후 손님이 있어서 일에 착수한 것은 8시 넘어서였다.

❹ 自分には見当もつかないほど巨大な生物の皮膚に取り付いている ようだ。
자신에게는 예상도 할 수 없을 정도로 거대한 생물의 피부에 달라붙어 있는 것 같다.

❺ 博士はここ数週間、寝食を忘れ、ものに取り付かれたように研究に 熱中していた。
박사는 최근 몇 주 동안 침식을 잊고, 무언가에 홀린 듯 연구에 열중하고 있었다.

125 取り留める/取り止める

意 목숨을 건지다, 명확히 하다, 만류하다.

用 取り留める/取り止める는 '① 失いかけた命を失わずにすむ ② はっきりとさせる, 確かにそれと定める ③ 押さえとどめる, 引き留める'의 의미로, 어려운 상황에 목숨을 건지거나, '取り留めた説(명확한 설)'처럼, 확실하게 그것이라 정하거나 말리거나 만류하는 경우에 사용한다.

例

❶ 彼の貧乏は何が原因というほどの取り留めたものはない。
그의 가난함은 무엇이 원인이라고 할 정도의 명확한 것은 없다.

❷ 命は取り留めたが、一年以上も入院しなければならなかった。
목숨은 건졌지만, 1년 이상이나 입원하지 않으면 안 되었다.

❸ トラックと衝突したタクシーの運転手は奇跡的に一命を取り留めた。
트럭과 충돌한 택시 운전수는 기적적으로 목숨을 건졌다.

❹ 引き逃げ事件に遭った彼は幸に通りすがりの人によって救助され、一命を取り留めた。
뺑소니 사고를 당한 그는 다행히 지나는 행인에 의해 구조되어 목숨을 건졌다.

❺ 今までに取り留めてこれこそ北海道で受けた影響だと自覚するようなものは持っていない。
지금까지 명확히 이거야말로 北海道에서 받은 영향이라고 자각할 그런 것은 가지고 있지 않다.

126 　　取り成す/ 執り成す

意　잘 꾸리다, 수습하다, 중재하다, 화해시키다.

用　取り成す/執り成すは '① 対立する者の間に立って仲直りさせる, 仲裁する ②機
嫌を損ねた相手を宥める, またその場の気まずい雰囲気をうまく取り繕う'의　의미
로, 싸움이나 사람 간의 일을 중재 또는 화해시키거나 어려운 분위기에서 어떤 일을
잘 수습하는 경우에 사용한다.

例

❶ 一瞬座が白けたが、君がうまく取り成してくれたので助かった。
일순간 좌석의 흥이 깨졌는데, 네가 잘 수습해 주어 살았다.

❷ 母がいろいろと取り成してくれたおかげで父に怒られずに済んだ。
어머니가 여러 가지로 수습해 준 덕택으로 아버지에게 혼나지 않고 끝났다.

❸ がき大将のタッちゃんは子供たちの喧嘩を取り成すのがうまかった。
골목대장인 탓짱은 아이들의 싸움을 중재하는 것이 뛰어났다.

❹ 周囲を巻き込んだ大騒ぎになる前にどうにか取り成そうと思った
のだ。
주위를 둘러싼 큰 소동이 있기 전에 어떻게든 수습하려고 생각한 것이다.

❺ 機会がありましたら、あなたからこちらの気持ちをほのめかしてお取り
成しくださいませ。
기회가 있으면 당신 쪽에서 이쪽 기분을 넌지시 알려 잘 처리해 주십시오.

145

127 なぎ倒す

意 가로로 후리쳐 넘어트리다, 상대를 차례로 쓰러트리다.

用 なぎ倒す는 '① 勢いよく横にはらって倒す ② 大勢の相手を勢いよく打ち負かす' 의 의미로, 어떤 대상을 기세 좋게 옆으로 넘어트리거나 많은 상대를 힘차게 쓰러트리는 경우에 사용한다.

例

❶ 猪が出たのか、栗林の周りの雑草がなぎ倒されていた。
멧돼지가 나온 것인지 밤나무 숲 주변의 잡초가 옆으로 쓰러져 있었다.

❷ 昨夜の強風は収穫を目前にした稲をなぎ倒してしまった。
지난밤 강풍은 수확을 목전에 둔 벼를 쓰러트려 버렸다.

❹ すぐに背後から悲鳴が響いて人をなぎ倒しながら駆けてくる獣が見えた。
바로 등 뒤에서 비명이 울리고 사람을 쓰러트리며 달려오는 짐승이 보였다.

❸ 既成の塀をなぎ倒し、舗道に穴を開け、時計を逆回転させてしまうのだ。
기존의 담을 쓰러트리고 보도에 구멍을 내며 시계를 역회전시켜 버리는 것이다.

❺ ピッチャーは調子が素晴らしく良かったので、相手チームのバッターを次々となぎ倒した。
피처는 상태가 매우 좋아서 상대 팀의 타자를 계속해서 쓰러트렸다.

128 》》》》 擦り付ける

□□□□

意　뒤집어씌우다, 전가하다.

用　擦り付ける는 '① 擦って付ける ② 責任などを人に押し付ける'의 의미로, '擦る(문질러 바르다, 칠하다, 남에게 덮어 씌우다)'에 '付ける(붙이다)'가 더해져, 죄나 책임 등을 남에게 덮어씌우거나 전가하는 경우에 많이 사용한다.

例

❶ 彼女の方でも相手に罪を擦り付けて自分の無実を言い張った。
그녀 쪽에서도 상대에게 죄를 뒤집어씌워 자신의 무죄를 주장했다.

❷ 子馬は鼻を擦り付け、あるいは頭で突き、彼の前後を跳ね回った。
작은 말은 코를 비벼대거나 혹은 머리로 받으며 그의 앞뒤를 뛰며 돌았다

❸ 逆に自分のミスを上司に擦り付ける卑怯なやつと見られてしまった。
역으로 자신의 미스를 상사에게 뒤집어씌우는 비겁한 놈으로 보이고 말았다.

❹ 自分の失敗の責任を相手に擦り付けるような責任の転嫁は卑怯な行為だ。
자신의 실패 책임을 상대에게 뒤집어씌우는 그런 책임 전가는 비열한 행위이다.

❺ 一度誰かに会長をやらせて、その人に全部の罪を擦り付けてしまおうとしたんだ。
한번 누군가에게 회장을 시켜 그 사람에게 모든 죄를 뒤집어씌워 버리려고 했다.

129 似通う

意 서로 닮다, 비슷하다.

用 似通うと '서로 닮다(お互いによく似ている), 많은 공통점이 있다(多くの共通点がある)'의 의미로, '似る'와 같은 의미로 사용한다.

例

❶ 同じ種類に属するものは形や性質などが似通っている。
같은 종류에 속하는 것은 형태나 성질 등이 비슷하다.

❷ 語呂合わせは読みの似通った別の語を当てて、しゃれを楽しんだものだ。
고로아와세(어조 맞추기)는 읽기가 비슷한 다른 어를 맞추어 멋을 즐기던 것이다.

❸ 「類は友を呼ぶ」というが、ぼくの友達は皆どこか性質に似通ったところがある。
유유상종이라고 하는데, 나의 친구는 모두 어딘가 성질이 비슷한 데가 있다.

❹ 兄とぼくとは兄弟とはいえ性格も反対で、好みや考え方もまるで似通ったところがない。
형과 나는 형제라고는 하나 성격이 반대이고 취미나 생각도 전혀 비슷한 데가 없다.

❺ 熟語には「温暖・寒冷・河川・海洋」などのように似通った意味の文字が重なっているものがある。
숙어에는 '온단·한랭·하천·해양' 등과 같이 비슷한 의미의 문자가 겹쳐 있는 것이 있다.

130 >>> 煮立つ

□□□□

意 부글부글 끓다, 끓어오르다.

用 煮立つ는 煮え立つ와 같이 '煮えて沸騰する'의 의미로 액체가 끓어오르는 경우에 사용하며, '煮え返る, 煮えたぎる'와 비슷한 의미를 나타낸다.

例

❶ 火の上でふつふつ煮立つチゲがおいしそうに見えた。
불 위에서 보글보글 끓는 찌개가 먹음직스러워 보였다.

❷ 竈にかかっている釜の中ではおいしいお肉のスープが煮立っていた。
화덕에 걸린 솥단지 안에서는 맛있는 고깃국이 끓고 있었다.

❸ 昆布だしが煮立ってきたら削りがつおを加え、一呼吸してすぐ火を止める。
다시마국물이 끓어오르면 '카쯔오부시'를 넣고 숨을 한번 쉰 후 바로 불을 끈다.

❹ 煮立っている鍋の蓋を開けた瞬間、湯気が上がるが、あれによく似た感じだ。
끓고 있는 냄비 뚜껑을 연 순간 수증기가 오르는데, 그에 아주 비슷한 느낌이다.

❺ 火は家にあったトウモロコシの実を焦がし、大雨で残っていたジャガイモを煮立たせた。
불은 집에 있던 옥수수 알을 태워 큰비로 남아 있던 감자를 끓였다.

131 煮詰まる / 煮詰める

意 　煮詰まる　바싹 졸다, 검토가 충분히 이루어져 결론이 날 단계에 이르다.

　　　　煮詰める　바싹 조리다, 충분히 검토하여 결론을 낼 단계에 이르게 하다.

用 　煮詰まる는 '① 煮えて水分がなくなる ② 議論や検討が十分になされて, 結論の出る段階になる'의 의미로, 요리가 바싹 졸거나 잘 정리되거나 다듬어지는 경우에 사용한다.

　　　　煮詰める는 煮詰まる의 타동사로 '① 水分がなくなるまで煮る ②議論や検討を十分にして, 結論の出る段階に至らせる'의 의미로, 요리를 바싹 졸이거나 어떤 내용을 잘 다듬거나 정리하는 경우에 사용한다.

例

[煮詰まる]

❶ ジャムがとろりとおいしそうに煮詰まってきた。

　잼이 걸쭉하게 맛있을 듯이 졸여졌다.

❷ 煮物の汁が煮詰まってしまったので、水を少し加えた。

　탕의 국물이 바짝 졸아버려서 물을 조금 부었다.

❸ 考えが煮詰まっていないので、まだお返事はできない。

　생각이 잘 정리되어 있지 않아서 아직 답변은 못 한다.

❹ もっと計画が煮詰まった段階でないと、発表はできない。

　좀 더 계획이 다듬어진 단계가 아니면 발표할 수 없다.

⑤ 長い議論の末、話もようやく煮詰まって問題解決の方向が見えてきた。

긴 토론 끝에 이야기도 드디어 정리되어서 문제해결의 방향이 보이기 시작했다.

[煮詰める]

❶ このトマトソースは水も油も入れずトマトだけを煮詰めたものだった。

이 토마토소스는 물도 기름도 넣지 않고 토마토만을 졸인 것이었다.

❷ そのやり取りを少し真剣に煮詰めて利用しただけで、これだけの大成果だ。

그 주고받은 것을 조금 신중하게 정리하여 이용 한 것만으로 이만큼의 대성공이다.

❸ このように考えを煮詰めた上で証拠を握ろうとあの通り行動に移ったわけだ。

이와 같이 생각을 정리한 다음에 증거를 잡으려고 그처럼 행동에 옮긴 것이다.

❹ 最初に食材を、高温で焼き目を付け、鍋で煮詰めて仕上げて風味をつける。

처음에 식재를 고온에서 굽기를 보아가며 냄비로 바짝 졸여 완성 시켜 풍미를 낸다.

❺ 具体的な細目はこれから煮詰めることとして、基本協議書だけでも交しておきたい。

구체적인 세목은 지금부터 좁혀가기로 하고 기본협의서만이라도 교환해두고 싶다.

132 >>> 抜きん出る

意 매우 높이 나타나다, 돌출하다, 눈에 띄다, 빼어나다, 뛰어나다, 출중하다.

用 抜きん出るは '① 周囲のものよりもひときわ高く突き出る ② ひときわ優れている, 秀でる'의 의미로, 주위보다 한층 높이 돌출하거나, '抜きん出た運動能力(빼어난 운동능력)'처럼, 매우 뛰어난 경우에 사용한다.

例

❶ これこそ裕福な女が女の卑俗性から抜きん出る唯一の方法である。
이것이야말로 유복한 여자가 여자의 비속성으로부터 빠져나오는 유일한 방법이다.

❷ 確かに抜きん出て突拍子もない贈り物だけど、彼に悪気はなかったんだ。
분명 특별히 이상하지도 않은 선물이지만, 그에게 악의는 없었다.

❸ 才能は感じられなかったが、抜きん出た美貌で美術仲間のマドンナだった女性だ。
재능은 느껴지지 않았지만 뛰어난 미모로 미술 동료의 마돈나였던 여성이다.

❹ 選手として他から抜きん出るためには血の滲むようなトレーニングを欠かしてはならない。
선수로서 타인보다 뛰어나기 위해서는 피나는 듯한 트레이닝을 빠트려서는 안 된다.

❺ 『学問のすすめ』を著した福沢諭吉は、すでに学生のころから衆に抜きん出ていたという。
학문의 권유를 저술한 福沢諭吉는 이미 학생 때부터 집단에서 빼어났었다고 한다.

133 >>>> 抜け出す

意 빠져나가다, 벗어나다, 빠지기 시작하다.

用 抜け出す는 '抜ける(빠지나)'와 '出す(나가다, 나오다)'의 복합어로, '①ある場所からそっと離れて外へ出る ②好ましくない状態から離れる ③抜け始める'의 의미로, 사람들을 뚫고 나가거나 살짝 빠져나오는 경우, 안 좋은 상황에서 빠져나오거나 벗어나는 경우에 사용한다.

例

❶ あの選手は残り一周でスパートをかけて抜け出した。
저 선수는 남은 한 바퀴에서 스파트를 하여 앞서나갔다.

❷ 当時は貧乏のどん底から抜け出すことができなかった。
당시는 가난의 밑바닥에서 벗어날 수가 없었다.

❸ もう一歩前進するためには惰性から抜け出さないといけない。
일보 더 전진하기 위해서는 타성에서 벗어나지 않으면 안 된다.

❹ 彼はイノセントな少年からいつまでも抜け出すことができなかった。
그는 순진무구한 소년에서 언제까지나 벗어나지 못했다.

❺ 授業をサボって教室からそっと抜け出して彼女と映画を見に行った。
수업을 빼먹고 교실에서 살짝 빠져나와 그녀와 영화를 보러 갔다.

134 >>> 寝返る

意 돌아눕다, 뒤척이다, 적에게 붙다, 배반하다.

用 寝返る는 '① 寝たまま体の向きを変える ② 味方を裏切って敵方につく'의 의미로, 자면서 돌아눕거나 몸을 뒤척이는 경우, 자기 편을 배신하고 적에 붙는 경우에 사용한다.

例

① 寝返ったからといって、相手がその身分を保証してくれるわけでもない。
적에게 붙었다고 해서 상대가 그 신분을 보장해 줄 리도 없다.

② 一度降伏しておいて寝返ったものは徹底的に攻め、その一族を亡ぼした。
한번 항복해 놓고 배반한 자는 철저하게 공격하여 그 일족을 멸했다.

③ 対象が違ったが、彼女にはこの男をきっと「寝返らせる」自信があった。
대상이 달랐지만, 그녀에게는 이 남자를 꼭 배반하게 만들 자신이 있었다.

④ 寝返って仰向けになり額に手を当てて、彼女は新事業のことを考えてみた。
돌아누워 위를 향하여 이마에 손을 대고 그녀는 신사업에 대해 생각해 보았다.

⑤ 彼は反対に寝返る途中で、何か思いついたかいきなり体を戻して妻を見つめた。
그는 반대로 돌아눕다가 무슨 생각이 났는지 갑자기 몸을 돌려 아내를 바라보았다.

135 寝込む/寝付く

意 寝込む 푹 잠들다, 숙면하다, (병으로) 오래 자리에 눕다.

寝付く 잠이 들다, 앓아눕다.

用 寝込む는 '①よく眠る, 熟眠する ②病気で床につく'의 의미로, 술에 취하거나 피곤해서 푹 잠들거나 오래 앓아눕는 경우에 사용한다.

寝付く는 '①眠りに入る, 寝入る ②病気になって床につく'의 의미로, 잠들거나 병에 걸려 앓아눕는 경우나 부정형으로 잠이 안 오는 경우에 사용한다.

잠이 들거나 숙면하는 의미에는 '寝入る'도 사용한다.

例

[寝込む]

❶ 夕べはテレビを付けっ放しで寝込んだ。

어젯밤에는 텔레비전을 켠 채 잠들었다.

❷ 彼は酔いつぶれてたわいなく寝込んでしまった。

그는 만취해서 정신없이 곯아떨어졌다.

❸ 外出から帰って来るなりそのまま寝込んでしまった。

외출에서 돌아오자마자 그대로 잠들어 버렸다.

❹ 彼は三日も寝込んだそうだが、その割には元気だった。

그는 삼일이나 몸져 누웠다는데 그런 것 치고는 건강했다.

❺ 彼女は会社にも行けず、風邪で一週間も寝込んでいた。

그녀는 회사에도 못 가고 감기로 일주일이나 앓아누워 있었다.

[寝付く]

① 彼女は暫く寝付いてから蝋燭の炎が消えるように亡くなっていた。

그녀는 잠시 잠이 든 후 촛불의 불꽃이 사라지듯이 죽어 있었다.

② その夜は遅くまで寝付くことができず、明け方少し眠っただけだった。

그날 밤은 늦게까지 잠이 오지 않아 새벽녘에 잠시 잤을 뿐이었다.

③ 夜遅くホテルに戻り、寝付くまでにあれこれと彼女のことを考えていた。

밤늦게 호텔로 돌아와 잠들 때까지 이것저것 그녀에 대해 생각하고 있었다.

④ 出かけるのは両親が完全に寝付くのを待ってからにした方がよさそうだ。

외출하는 것은 부모가 완전히 잠드는 것을 기다린 후에 하는 것이 좋을 것 같다.

⑤ 彼はある時、法官の娘である美しい乙女を見かけ、恋患いに寝付いてしまった。

그는 한때 법관의 딸인 아름다운 소녀를 보고 짝사랑에 앓아누워 버렸다.

136 ≫≫ 捩じ込む

捩<small>ね</small>じ込<small>こ</small>む

□□□□

意　他 비틀어 넣다, 억지로 밀어 넣다, 쑤셔넣다.
　　　自 따지고 들다, 따지러 몰려가다.

用　捩<small>ね</small>じ込<small>こ</small>む(他①②/自③)는 '① 捩<small>ね</small>じって中<small>なか</small>に入<small>い</small>れる ② 狭<small>せま</small>い所<small>ところ</small>などに無理<small>むり</small>に入<small>い</small>れる, 強引<small>ごういん</small>に押<small>お</small>し込<small>こ</small>む ③ 苦情<small>くじょう</small>や文句<small>もんく</small>を言<small>い</small>いに押<small>お</small>し掛<small>か</small>ける'의 의미로, 비틀어 안에 넣거나 좁은 곳에 억지로 밀어 넣거나 불평이나 불만 등을 따지러 몰려가거나 하는 경우에 사용한다. '子供<small>こども</small>の喧嘩<small>けんか</small>で親<small>おや</small>が捩<small>ね</small>じ込<small>こ</small>む'처럼, '끼어들다'와 같이 번역되는 경우도 있다.

例

❶ 何度<small>なんど</small>も捩<small>ね</small>じ込<small>こ</small>んでいるうちに、さすがに相手<small>あいて</small>も腹<small>はら</small>を立<small>た</small>ててぶちまけた。
　　몇 번이나 따지고 드는 사이에 과연 상대도 화를 내며 쏟아냈다.

❷ もしかしたら彼女<small>かのじょ</small>が後<small>あと</small>になって編集部<small>へんしゅうぶ</small>に捩<small>ね</small>じ込<small>こ</small>んでくるかもしれない。
　　어쩌면 그녀가 나중에 편집부에 따지러 올지도 모른다.

❸ 男<small>おとこ</small>は飲<small>の</small>み残<small>のこ</small>しのコーヒーを紙<small>かみ</small>コップごと灰皿<small>はいざら</small>に捩<small>ね</small>じ込<small>こ</small>んで立<small>た</small>ち上<small>あ</small>がった。
　　남자는 먹다 남긴 커피를 종이컵 채 재떨이에 쑤셔 넣고 일어났다.

❹ 太<small>ふと</small>った体<small>からだ</small>を捩<small>ね</small>じ込<small>こ</small>むように教室<small>きょうしつ</small>に入<small>はい</small>ってきたのは生活指導<small>せいかつしどう</small>の高山<small>たかやま</small>だった。
　　살찐 몸을 억지로 밀어 넣듯이 교실에 들어 온 것은 생활지도의 高山였다.

❺ 少<small>すこ</small>しだけ手<small>て</small>の中<small>なか</small>の携帯電話<small>けいたいでんわ</small>に目<small>め</small>をやってから、ズボンのポケットに捩<small>ね</small>じ込<small>こ</small>んだ。
　　조금 정도 손안의 휴대전화에 눈을 돌린 다음 바지 주머니에 집어넣었다.

137 >>> 捩じ曲げる

意 비틀어 구부리다, 왜곡하다.

用 捩じ曲げる는 '① 捩じって曲げる ② 故意に歪める'의 의미로, 무언가를 비틀어 구부리거나 왜곡하는 경우에 사용된다.

例

① 石段の下に手や足を奇妙な方向に捩じ曲げて倒れていたという。
돌계단 밑에 손과 발을 기묘한 방향으로 구부리고 쓰러져 있었다고 한다.

② 首を捩じ曲げて一月ほど世話になったマンションの建物を見あげた。
목을 틀어 한 달 정도 신세를 진 맨션 건물을 올려다보았다.

③ 刑事事件の重要な証拠に関する情報を力ずくで捩じ曲げてしまった。
형사사건의 중요한 증거에 관한 정보를 힘으로 비틀어버렸다.

④ 彼らは何かの力によって、自分の感情を捩じ曲げられているように見える。
그들은 무언가의 힘에 의해 자신의 감정이 왜곡되어 있는 것처럼 보인다.

⑤ 納得した上で死刑に処されるのなら何も言わないが、真実が捩じ曲げられている。
납득한 연후에 사형에 처해지는 것이라면 아무말도 않겠지만, 진실이 왜곡되어 있다.

138 ≫≫≫ 伸し上がる

意 뻗어 오르다, 건방진 태도로 위에 오르다, 급격히 높아지다.

用 伸し上がる는 '① のさばって物の上に上がる, 横柄に振る舞う ② 他人を押さえて地位が急激に上がる'의 의미로, 다른 사람을 누르고 지위 등이 급속히 오르거나, '伸し上がってきて実に生意気だ(오만해져서 참으로 건방지다)'처럼, 제멋대로 설치며 행동하는 경우에 사용한다.

例

❶ 彼は今回の選挙で権力の座に伸し上がることができた。
그는 이번 선거로 일약 권좌에 올라앉을 수가 있었다.

❷ わが国も一躍ノルディック強国の一角に伸し上がった。
우리나라도 일약 노르딕 강국의 일각으로 뛰어올랐다.

❸ 彼女は無名のコーラスガールから一気にスターダムに伸し上がった。
그녀는 무명의 코러스걸에서 단숨에 스타덤에 뛰어올랐다.

❹ 彼が注目を浴び、一躍世界的な作家に伸し上がったのは戦後である。
그가 주목을 받아 일약 세계적인 작가에 뛰어오른 것은 전후이다.

❺ 実際の業務成績ではなく、政治的な手腕で伸し上がっていく人間の典型を見る思いがした。
실재의 업무성적이 아니라 정치적인 수완으로 위에 올라가는 인간의 전형을 보는 느낌이 들었다.

上り詰める / 登り詰める / 昇り詰める

意 꼭대기까지 오르다, 정상에 달하다.

用 登り詰める/昇り詰める는 '① 上れるだけ上る, 極点まで上る ② 甚だしく熱中する, すっかり逆上する'의 의미로, '長・一位・頂上に登り詰める(장・일위・정상에 오르다)'처럼, 올라갈 때까지 올라간 경우에 사용한다.

例

❶ あの選手は一所懸命努力して世界ランキング一位に登り詰めた。
그 선수는 열심히 노력하여 세계 랭킹 1위에 등극했다.

❷ 彼は様々な困難を乗り越えてついに世界トップの座に登り詰めた。
그는 여러 가지 곤란을 극복하고 드디어 세계 톱의 자리에 올랐다.

❸ 中には大学卒よりも出世し、支店長にまで登り詰める行員も存在する。
그중에는 대졸보다도 출세하여 지점장에까지 올라간 행원도 존재한다.

❹ 彼女は数多くの紆余曲折に耐えて、わが国最高の女優の座に登り詰めた。
그녀는 수많은 우여곡절을 견디고 우리나라 최고 여배우의 자리에 올랐다.

❺ 自分の分野で最高に登り詰めるためには生まれつきの才能とたゆまぬ努力が全部必要だ。
자신의 분야에서 최고에 오르기 위해서는 타고난 재능과 쉼없는 노력이 전부 필요하다.

140 　>>> のめり込む

意　앞으로 고꾸라지다, 빠지다, 빠져들다, 몰두하다.

用　のめり込む는 '① 低い姿勢で前方に倒れ込む ② 抜け出せぬほどに中に深く入り込む ③ 他のすべてを忘れ, それ一つに熱中する'의 의미로, 무언가에 빠져들거나 몰두하는 경우에 사용한다.

例

❶ 息子の友達は人の話に釣られて悪の道にのめり込んでしまった。
아들의 친구는 남 이야기에 넘어가 악의 길로 빠져들어 버렸다.

❷ 僅かな間違いが悪の道にのめり込むきっかけになることもある。
작은 잘못이 악의 길로 빠져드는 계기가 되는 일도 있다.

❸ 長い療養生活の中で、いつしか彼は文学にのめり込んでいった。
긴 요양 생활 속에서 어느덧 그는 문학에 빠져들어 갔다.

❹ 徹夜の仕事で疲れていた私は服も着替えずに寝床にのめり込むように倒れた。
철야 일로 피곤했던 나는 옷도 갈아입지 않고 잠자리에 빠져들 듯이 쓰러졌다.

❺ 彼はギャンブルにのめり込んで必死に貯めた巨額をすべて使い果たしてしまった。
그는 갬블에 빠져 필사적으로 모은 거액을 모두 탕진해 버렸다.

撥ね付ける

意 무정하게(딱잘라) 거절하다, 퇴짜 놓다, 걷어차다, 되받아치다.

用 撥ね付ける는 '① 撥ね返す ② 跳ねて受け付けない, 拒絶する'의 의미로, 되받아치거나 요구나 신청 따위를 딱 잘라 거절하는 경우에 사용하며, 수동형으로는 입사 시험 등에서 퇴짜를 맞거나 낙방을 하는 경우에도 사용한다.

例

① 値上げの要求を一言の下に撥ね付けられた。
가격 인상 요구를 일언지하에 거절당했다.

② 彼は上司からの不当な要求をきっぱりと撥ね付けた。
그는 상사로부터 부당한 요구를 매정하게 거절했다.

③ 彼女は面接を受けた会社から跳ね付けられて落胆していた。
그녀는 면접을 받은 회사에서 떨어져 낙담하고 있었다.

④ 毎回嘘ばかりつく彼に「嘘もほどほどにしろ」と撥ね付けた。
매번 거짓말만 하는 그에게 '거짓말도 적당히 해'라고 쏘아붙였다.

⑤ いつからか母は父に小言を話して撥ね付ける性格に変わった。
언제부턴가 어머니는 아버지에게 잔소리를 하며 되받아치는 성격으로 변했다.

142 >>> 払い戻す

意　돌려주다, 환불하다, 예금자에게 지불하다.

用　払い戻す는 '① 一度領収したものを清算して返す ② 貯金をその預金者に払い渡す'의 의미로, 받거나 빌린 돈 등을 돌려주거나 저금한 돈 등을 되돌려 주는 경우에 사용한다.

例

❶ 釣り銭を計算して払い戻す機能が付いている自動販売機が多い。
거스름돈을 계산하고 돌려주는 기능이 달려있는 자동판매기가 많다.

❷ 借金は期限内に払い戻さないと満期時に予告なく強制的に呼び出される。
빚은 기한 내에 갚지 않으면 만기 시에 예고 없이 강제적으로 호출된다.

❸ 無効とされた区間の運賃を払い戻すかどうかは、その航空券のクラスによる。
무효가 된 구간의 운임을 돌려줄지 어떨지는 그 항공권의 클래스에 의한다.

❹ そのうち500円はデポジットであり、不要になったカードを返却すると払い戻される。
그중 500円은 보증금으로 못쓰게 된 카드를 반환하면 환불된다.

❺ 回数券は、基本的に発売額から使用した枚数分を差し引いた額が払い戻される。
회수권은 기본적으로 발매액에서 사용한 매수분을 뺀 금액이 환불된다.

>>> 張り合う

意 대항하여 겨루다, 경쟁하다.

用 張り合うは '① お互いに殴り合ったりして争う ② お互いに競う, 競り合う, 競争する'의 의미로, 무언가에 경쟁하여 겨루는 경우에 사용한다. 명사형인 '張り合い'는 '力を尽くした甲斐があると感じる気持ち'의 의미로, '張り合いに欠ける(의욕이 부족하다), 張り合いを感じる(보람을 느끼다)'처럼 사용한다.

例

❶ その憎しみに張り合うだけの力を持たぬ彼は媚びるような口調で言った。
그 증오에 대항할 만큼의 힘을 갖지 못한 그는 아부하는 듯한 어조로 말했다.

❷ 動機は単純で張り合っていた食堂の娘を鈴木にとられたということだった。
동기는 단순하여 경쟁하고 있던 식당의 딸을 鈴木에게 빼앗겼다고 하는 것이었다.

❸ 同じ時代を生きていた者としては張り合いたい気持ちが出るのではないか。
같은 시대를 살고 있던 자로서는 경쟁하고 싶은 기분이 드는 것이 아닌가?

❹ 相手はどういう見当で邪魔を入れるか知れないが、張り合って見るつもりだ。
상대는 어떤 목표로 방해를 부려올지 모르지만 붙어 볼 생각이다.

❺ 鉄を削る耳障りな音にテレビの音が張り合っていたが、人の声は聞えなかった。
쇠를 깎는 귀에 거슬리는 소리에 TV 소리가 서로 부딪히고 있었는데, 사람 소리는 들리지 않았다.

144 ≫ 引き合わせる

□□□□

意 여미다, 대조하다, 소개하다.

用 引き合わせる는 '① 引き寄せて合わせる ② 引き比べる, 対照する ③ 取り持って対面させる, 紹介する'의 의미로 '着物の前を引き合わせる'처럼, 의복의 앞자락을 단정하게 하거나 자료 등을 대조하거나 사람을 소개하거나 하는 경우에 사용한다.

例

❶ 校正者は印刷したものを原稿と引き合わせて誤りを正していく。
교정자는 인쇄한 것을 원고와 대조해서 잘못된 곳을 고쳐 나간다.

❷ 先輩は自分の妹をぼくに引き合わせると、こいつを嫁にもらえと言った。
선배는 자신의 여동생을 나에게 소개하며 얘를 색시로 삼으라고 말했다.

❸ 相手は私と彼女を引き合わせてくれたあの先輩で、本人は商社に勤めている。
상대는 나와 그녀를 소개해준 그 선배로 본인은 상사에 근무하고 있다.

❹ 恋人と息子を正式に引き合わせることに成功し、舞い上がっていたのかもしれない。
연인과 아들을 정식으로 소개하는 일에 성공하여 들떠있었는지도 모른다.

❺ 帯は水の中へ落ちてしまっていたから、長衣を引き合わせると、湖から逃げ出した。
띠는 물속에 떨어져 버려 있었기 때문에 긴 옷을 여미고 호수에서 도망쳤다.

145 》》 引き立てる/引っ立てる 　□□□□

意 　引き立てる　끌고가다, 연행하다, 눈에 띄게 하다, 돋보이게하다, 북돋우다, 격려하다.
　　引っ立てる　끌고가다, 연행하다, 끌어 일으켜 세우다.

用 　引き立てると '① 無理に連れていく, 引っ立てる ② よく見えるようにする, よさが際立つようにする ③ 特に目をかけて重用する ④ 気力などを奮い立たせる, 励ます ⑤ 戸などを引いて閉じるの 의미이고, 引っ立てると '① 無理に連れていく, 手荒く連れていく ② 引いて立たせる ③ 引き起こす'의 의미로, 억지로 또는 거칠게 데려가거나 사람을 일으켜 세우거나 기운을 북돋우거나 격려하는 경우 등에 사용한다. 引き立てる/引っ立てる 모두 사람을 끌고 가거나 일으켜 세우는 경우는 사용하는데, 그밖에는 서로 다른 의미로 사용한다.

例

[引き立てる]

❶ 現行犯で捕らえた泥棒を警官が引き立てて行った。
　현행범으로 잡은 도둑을 경관이 연행해 갔다.

❷ 先輩の彼女は何とか気づかって私を引き立ててくれる。
　선배인 그녀는 여러모로 신경 쓰며 나를 보살펴 준다.

❸ 私は沈みがちな自分の気持ちを引き立て大きな声で歌った。
　나는 가라앉을 것 같은 자신의 기분을 북돋우어 큰 목소리로 노래했다.

❹ 場所がらもあって、これではまるで逮捕されて引き立てられていくようだ。
　장소상의 문제도 있고, 이리되면 마치 체포되어 연행되어 가는 것 같다.

⑤ この色は女性の顔色を白のタオルよりも引き立てて見えると信じられている。

이 색은 여성의 얼굴색을 흰 수건보다도 돋보이게 해 보인다고 믿어지고 있다.

[引っ立てる]

❶ 嫌だと言うのであれば、その首に縄を付けてでも引っ立てていく。

싫다고 하는 것이라면 그 목에 밧줄을 묶어서라도 끌고 간다.

❷ おれたちはみんな役人の前に引っ立てられたらどの道命はないんだ。

우리는 모두 관원 앞에 끌려가면 어차피 목숨은 없는 것이다.

❸ 渋沢は焦れったそうに、彼の腕を自分の腕へ巻き込んで引っ立てた。

渋沢는 감질나는 듯이, 그의 팔을 자신의 팔로 감아 일으켜 세웠다.

❹ 死刑を宣告されたが、処刑場に引っ立てられる間際に執行猶予になった。

사형을 선고받았는데, 처형장에 끌려가는 사이에 집행유예가 되었다.

❺ 部屋の外に控えていた騎士が縄で後ろ手に縛られた女を引っ立ててきた。

방 밖에 대기하던 기사가 밧줄로 손이 뒤로 묶인 여자를 끌고 왔다.

146 引き継ぐ

意 이어받다, 인계하다, 받아넘기다.

用 引き継ぐ는 '前の人から受け継ぐ, 後の人に受け渡す'의 의미로, '伝統·家業·仕事を引き継ぐ(전통·가업·일을 이어받다)', 'あとに引き継ぐ(뒤로 넘겨주다)'처럼, 다음으로 받아 넘기는 경우에 사용한다.

例

❶ 父から引き継いだ家業をいっそう守り立てて行こうと思う。
아버지로부터 이어받은 가업을 한층 재건해 가려고 한다.

❷ 前任者から仕事を引き継いで一か月、ようやく慣れました。
전임자에게서 일을 인계받고 한 달, 겨우 익숙해졌습니다.

❸ これにより次の会期においても審議の進捗を引き継ぐことが可能になる。
이에 따라 다음 회기에서도 심의의 진행을 이어가는 것이 가능해진다.

❹ 当店では創業以来の伝統を引き継いで今も老舗の味を守り続けている。
당점에서는 창업 이래의 전통을 이어받아 지금도 오랜 가게의 맛을 계속 지키고 있다.

❺ 接続詞は前の文の内容を受けて後の文に引き継いで、文を繋ぐ働きをする。
접속사는 앞문의 내용을 받아 뒷문으로 이어주며 문을 연결하는 기능을 한다.

147 　引き付ける

意 끌어당기다, 매료하다, 경련을 일으키다.

用 引き付ける(他①②/自③)는 '① 近くに引き寄せる ② 人の心を誘い寄せる, 魅了する ③ 発作的に全身性の痙攣を起こす'의 의미로, 磁石が引き付ける(자석이 끌어당기다), '光が虫を引き付ける(빛이 벌레를 끌어들이다)', '注意を引き付ける(주의를 끌다)', '目を引き付ける(눈을 매료시키다)', '全身を引き付ける(전신에 경련을 일으키다)'처럼, 무언가를 끌어당기는 여러 상황에 사용한다.

例

❶ 騎兵隊は敵を十分に引き付けておいてからいっせいに発砲した。
기병대는 적을 충분히 유인해 둔 후에 일제히 발포했다.

❷ 街頭にはられた一枚のポスターが彼女の目を引き付けて放さなかった。
길거리에 붙은 한 장의 포스터가 그녀의 눈을 매료시켜 놓아주지 않았다.

❸ 毒蛇に噛まれた男は全身を引き付け、体を掻き毟るように苦しみ出した。
독사에게 물린 남자는, 전신을 떨며 몸을 쥐어뜯듯이 괴로워하기 시작했다.

❹ 夜になると水銀灯の明るい光に引き付けられて、たくさんの虫が集まってくる。
밤이 되자 수은등의 밝은 빛에 이끌려서 많은 벌레가 모여든다.

❺ 彼が守衛の注意を引き付けている間に、僕たちは塀を乗り越え、屋敷に忍び込んだ。
그가 수위의 주의를 끌고 있는 사이에 우리는 담을 타고 넘어 저택으로 몰래 들어갔다.

148 ≫≫≫ 引き取る

意 물러가다, 인수하다, 떠맡다, 말을 받아 잇다, (숨을)거두다.

用 引き取る(自①/他②③④⑤)는 '① その場から立ち去る, 退く ② 引き受けて自分の手元に置く ③ 引き受けて世話をする ④ 話のあとを受けて次ぐ ⑤ 息が絶える, 死ぬ'의 의미로, 물러가거나 물건을 인수하거나 아이를 떠맡거나 말을 이어받거나 목숨을 거두는 경우에 사용한다.

例

❶ 甚だお気の毒様ですが、お引き取りお願いします。
대단히 미안합니다만 돌아가 주시기 바랍니다.

❷ 私たちは両親をなくした子供を引き取り、育てることにした。
우리는 부모를 잃은 아이를 떠맡아 키우기로 했다.

❸ 昨夜、祖母は家族に見守られながら静かに息を引き取った。
어젯밤 할머니는 가족이 지켜보는 가운데 조용히 숨을 거뒀다.

❹ 新しい冷蔵庫をお届けに上がった時に古いのを引き取ります。
새 냉장고를 배달하러 갔을 때 헌 것을 인수하겠습니다.

❺ あの、と言い出した僕の言葉を引き取って姉が店員に捲くし立てた。
저 라고 말을 꺼낸 내 말을 이어받아 언니가 점원에게 계속해서 말을 했다.

149 》》》 引き伸ばす/引き延ばす □□□□

[意] 길게 하다, 넓게 하다, (사진을) 확대하다, 크게 인화하다, (문장 등을) 보충하여 길게 하다, (시간이나 일정 등을) 지연시키다, (두꺼운 것을) 얇게 늘려 펴다, (농도를) 연하게 하다.

[用] 引き伸ばす(①②③)/引き延ばす(④⑤)는 '① 引っ張って長くする, 引っ張って広げる ② 写真で原板を拡大して焼き付ける ③ 言葉を足して文章などを長くする ④ 時間·期日などを長引かせる ⑤ 厚みのあるものを薄く広げたり, 水などを加えて濃度を薄くしたりする'의 의미로, 대상을 끌어당기거나 넣거나 하여 늘리거나 해야 할 일을 지연시키거나 무언가를 얇게 펴거나 연하게 하는 경우에 사용한다.

[例]

❶ この二枚の写真はもっと大きく引き伸ばしてもらおう。
이 두 장의 사진은 좀 더 크게 확대해야겠다.

❷ 工場では金属に熱を加え、引き延ばす作業が行われていた。
공장에서는 금속에 열을 가해 늘리는 작업이 이루어지고 있었다.

❸ あと三メートルくらいコードを引き伸ばさないと、コンセントまで届かない。
여기서 3미터 정도 코드를 길게 하지 않으면 콘센트까지 못 미친다.

❹ 先生に頼みこめば、レポートの提出期限を引き延ばしてくれるかもしれない。
선생에게 간절히 부탁하면 레포트 제출 기한을 연장해 줄지도 모른다.

❺ 事情のためとはいえ、社員の給料の支払いを引き延ばすようなことはしたくなかった。
사정 때문이라고 해도 사원의 급료 지불을 지연시키는 그런 일은 하고 싶지 않았다.

150 引き離す

意 떼어놓다, 갈라놓다, 차이를 벌리다,

用 引き離す는 '①引っ張って放す, 無理に離れさせる ②あとに続くものとの間を大きく開ける, 差を大きくする'의 의미로, 사람 사이를 무리하게 떼어놓거나 갈라놓는 경우와 뒤에 오는 사람과 차이를 크게 벌리는 경우 등에 사용한다.

例

❶ 愛し合う仲の二人を引き離すことは不可能だ。

서로 사랑하는 사이인 두 사람을 떼어놓는 일은 불가능하다.

❷ 取っ組み合いをしている子供たちを母親はやっとのことで引き離した。

맞붙어 싸우고 있는 아이들을 부모는 가까스로 떼어놓았다.

❸ 戦争によって引き離された肉親と彼は二十年ぶりに再会することができた。

전쟁에 의해 헤어진 육친과 그는 20년 만에 재회할 수 있었다.

❹ 先頭の東ドイツの選手は後続の選手を二百メートル以上も引き離している。

선두인 동독 선수는 뒤쫓아오는 선수를 200미터 이상이나 사이를 벌리고 있다.

❺ デビューして三年、彼女は同期の歌手たちを人気の点で完全に引き離している。

데뷔한 지 3년, 그녀는 동기 가수들을 인기 면에서 완전히 떼어놓고 있다.

151 　›››　引っ掻く

意　할퀴다, 긁다.

用　引っ掻くは '爪や先のとがったもので強く掻く'의 의미로, 손톱이나 무언가로 긁거나 할퀴는 경우에 사용한다.

例

❶ 額の真ん中に爪で引っ掻いたほどの小さな傷ができている。
이마 한가운데에 손톱으로 할퀸 정도의 작은 상처가 나 있다.

❷ 彼は静まりかえった中に微かに何かを引っ掻くような音を聞いた。
그는 쥐 죽은 듯 조용한 속에 희미하게 무언가를 긁는 듯한 소리를 들었다.

❸ 何かで引っ掻かれたような傷が確かに俺の胸に刻み込まれていた。
무언가로 긁힌 듯한 상처가 확실히 내 가슴에 새겨져 있었다.

❹ 弟たちは台所に駆けて釜に付いたお焦げをごしごしと引っ掻いて食べた。
동생들은 부엌으로 달려가 솥에 붙은 누룽지를 갈그락갈그락 긁어먹었다.

❺ その説明できない音は当時猫が椅子を引っ掻いている音に例えられた。
그 설명할 수 없는 소리는 당시 고양이가 의자를 긁고 있는 소리에 비유되었다.

152 引っ込める

意 다시 제자리로 돌리다, 빼다, 움츠리다, 철회하다.

用 引っ込める는 '① 一度出したものを元に戻す ② 突き出ないように内側に下がらせる ③ 一度出したものを取り下げる'의 의미로, 한번 내밀었던 것을 제자리로 도로 물리거나 튀어나오지 않도록 안쪽으로 들어가게 하거나 요구나 의견들을 철회하는 경우에 사용한다.

例

❶ 棒でつつくとカメは手足を引っ込めた。
막대기로 찌르자 거북은 손발을 움츠렸다.

❷ 不振の選手はとうとうベンチに引っ込められてしまった。
부진한 선수는 드디어 벤치로 빠지게 되었다.

❸ みんなに反対されて弟は渋々自分の意見を引っ込めた。
모두가 반대하여 동생은 마지못해 자신의 의견을 철회했다.

❹ 相手がぼくだと分かると、彼は銃を引っ込め、近寄ってきた。
상대가 나라는 것을 알자 그는 총을 거두고 다가왔다.

❺ ぼくと目が合ったとたん、女の子は窓から顔を引っ込めてしまった。
나와 눈이 마주치자마자 여자아이는 창문에서 얼굴을 뒤로 빼고 말았다.

153 ⟫⟫⟫ 引ったくる ☐☐☐☐

[意] 잡아채다, 낚아채다, 날치기하다, 빼앗다.

[用] 引ったくる는 '他人の持っている物を掴んで無理に奪い取る'의 의미로, 타인의 가방·지갑·돈 등을 잡아채거나 낚아채 빼앗는 경우에 사용한다.

[例]

❶ 兄は彼女の手首をさっと引ったくって外に出た。
형은 그녀의 손목을 홱 잡아채서 밖으로 나갔다.

❷ 記事が気になったのか父は新聞を引ったくるように取り上げた。
기사가 신경 쓰였는지 아버지는 신문을 잡아채듯이 뽑아 들었다.

❸ うちの家族は動物園で鷲が餌をすばやく引ったくる姿を見物した。
우리 가족은 동물원에서 독수리가 먹이를 날렵하게 낚아채는 모습을 구경했다.

❹ 最近ハンドバックを引ったくるすりが多いらしいから気を付けてください。
최근에 핸드백을 날치기하는 소매치기가 많은듯하니 주의하십시오.

❺ 白昼町中で行きずりの人のカバンを引ったくって逃げる事件があった。
백주에 길가에서 지나는 사람의 가방을 낚아채 도망가는 사건이 있었다.

154 ≫≫ 開_{ひら}き直_{なお}る

意 갑자기 태도를 바꾸어 강하게 나오다, 정색하고 나서다.

用 開_{ひら}き直_{なお}る는 '急_{きゅう}に態_{たい}度_どを改_{あらた}めて正_{しょう}面_{めん}切_きった厳_{きび}しい態_{たい}度_どになる, 逃_{のが}れられぬと覚_{かく}悟_ごしてふてぶてしい態_{たい}度_どになる'의 의미로, 갑자기 태도를 바꿔 엄하게 나오거나 빠져나갈 수 없다고 각오를 하고 뻔뻔한 태도로 나오는 경우에 사용한다. 비슷한 단어로 '居_い直_{なお}る'가 있다.

例

❶ ダメで元_{もと}々_{もと}だと開_{ひら}き直_{なお}って僕_{ぼく}は帰_き宅_{たく}後_ごすぐに電_{でん}話_わをかけてみた。
안되는 것이 당연하다고 태도를 바꾸고 나는 귀가 후 바로 전화를 걸어 보았다.

❷ さっき開_{ひら}き直_{なお}ったとはいえ、からみつくような周_{まわ}りの視_し線_{せん}が気_き持_もち悪_{わる}い。
아까 태도를 바꿨다고는 해도 엉겨 붙는 듯한 주위의 시선이 기분 나쁘다.

❸ だが断_{ことわ}ればおれのせっかくの好_{こう}意_いを受_うけられないのかと開_{ひら}き直_{なお}られる。
하지만 거절하면 나의 모처럼의 호의를 받을 수 없는 것인가 하고 태도가 바뀐다.

❹ ただ仕_し事_{ごと}となれば、ある程_{てい}度_ど開_{ひら}き直_{なお}るしかないのも事_じ実_{じつ}なのである。
다만 일이 되면 어느 정도 마음을 고쳐잡을 수밖에 없는 것도 사실인 것이다.

❺ 謝_{しゃ}罪_{ざい}して撤_{てっ}回_{かい}するのか、このまま開_{ひら}き直_{なお}るのか、非_ひ常_{じょう}に重_{じゅう}大_{だい}な局_{きょく}面_{めん}である。
사죄하고 철회할 것인지 이대로 정색하고 나갈 것인지 아주 중대한 국면이다.

155 ≫≫ ひれ伏す

□□□□

意 넙죽 엎드리다.

用 ひれ伏す는 '身を平たくして伏しかがむ, 平伏する'의 의미로, 윗사람 앞이나 사과를 하거나 할 때 몸을 납작 엎드려 숙이는 경우에 사용한다.

例

❶ 加害者の両親は言葉もなく被害者の前にひれ伏した。
가해자의 부모는 말도 없이 피해자 앞에 넙죽 엎드렸다.

❷ 人々は両手で耳を覆い、そのまま地面にひれ伏して額を土に擦り付けた。
사람들은 양손으로 귀를 막고 그대로 지면에 엎드려 이마를 땅에 문질렀다.

❸ 婦人が近づくと人々は脇へひれ伏して婦人と娘とに広く道を開けた。
부인이 다가오자 사람들은 옆에 엎드려 부인과 딸에게 넓게 길을 열었다.

❹ おれが下草の陰にひれ伏してじっとしていると、すぐそばをやつらが通りすぎた。
내가 잡초 그늘에 엎드려 가만히 있자 그 옆을 녀석들이 지나갔다.

❺ 相手が貴族社会の男子であったなら、これを見てひれ伏さんばかりに謝罪したであろう。
상대가 귀족사회의 남자였더라면 그것을 보고 넙죽 엎드리듯이 사과했을 것이다.

156 >>> **噴き出す/ 吹き出す**

意 　내뿜다, 웃음 터트리다, 분출하다.

用 　噴き出す/吹き出すと '風が吹き始める, 内にある物が狭いところから勢いよく外に出る'의 의미로, '吹く'에 '시작하다'라는 문법적 의미를 나타내는 '出す'가 붙은 경우와 물·분수·연기·용암·땀 등을 분출하는 경우에 사용한다.

例

❶ 陽が差しているかと思うと急に雲が厚くなり、冷たい風が吹き出した。
해가 내리쬐고 있나 했더니 갑자기 구름이 많아지고 차가운 바람이 불기 시작했다.

❷ それから六気筒の空転する唸りがすると後尾に青い煙を噴き出した。
그리고 6기통의 공전하는 굉음 소리가 나자 후미에 파란 연기를 내뿜었다.

❸ 無事に私を逮捕できた安心感からか額に汗が噴き出してきていた。
무사히 나를 체포한 안심감에서인지 이마에 땀이 분출하기 시작했었다

❹ 水が噴水のように壁から噴き出して反対側の壁につき当たって砕けた。
물이 분수처럼 벽에서 분출하여 반대 측 벽에 닿고 부서졌다.

❺ 彼が悲鳴を上げようとして口を開けたとたん青い炎がまるで血のように噴き出した。
그가 비명을 지르려고 입을 연 순간 파란 불꽃이 마치 피처럼 분출했다.

>>>>> **吹き付ける** □□□□

意 세차게 불다, 내뿜다, 뿜어서 부착시키다.

用 吹き付ける(自①/他②③)는 '① 風が強く吹いて当たる ② 息などを強く当てる ③ 液体などを吹いて、霧状にして付着させる'의 의미로, 바람이 세차게 불거나 숨 등을 세게 불어 대거나 액체 등을 뿜어서 칠하는 경우에 사용한다.

例

❶ ガラスの壊れた窓から冷たい風が私の顔を切るように吹きつけた。
창이 부서진 창에서 차가운 바람이 나의 얼굴을 에는 듯이 내리쳤다.

❷ 低くかかった雲から焔を地上に吹きつけてロケットが降りてきた。
낮게 드리운 구름에서 불꽃을 지상으로 내뿜으며 로켓이 내려왔다.

❸ 見えない圧力がぱっとしない制服の軍人から吹きつけてきていた。
보이지 않는 압력이 눈에 띄지 않는 제복의 군인으로부터 불어닥쳐 오고 있었다.

❹ 見えるのはただ吹きつける雪の白とそしてその向こうの闇の黒だけだ。
보이는 것은 그저 불어닥치는 눈의 하양과 그리고 그 저편의 어두움뿐이다.

❺ 傘を持たない一行はたちまち白いスプレーを吹きつけられたように
なった。
우산을 들지 않은 일행은 순식간에 흰 스프레이를 뿌려댄 것처럼 되었다.

吹き飛ばす

| 意 | 불어 날려버리다, 단번에 물리치다.

| 用 | 吹き飛ばすは '① 風などが強く吹いて物を飛ばす ② いっぺんに払い除ける'의 의미로, 바람 등으로 무언가를 날려버리거나, 근심·걱정·불안이나 더위·추위를 단번에 날려버리는 경우에 사용한다.

| 例 |

❶ 寒さを吹き飛ばすには思いっきり体を動かすのが一番だ。
추위를 날려버리는 데에는 마음껏 몸을 움직이는 것이 최고이다.

❷ 工事の妨害になる岩盤はダイナマイトで吹き飛ばしてしまう。
공사의 방해가 되는 암반은 다이너마이트로 날려버린다.

❸ キャプテンの自信に満ちた顔が僕たちの不安を吹き飛ばしてくれた。
주장의 자신에 찬 얼굴이 우리의 불안을 날려버려 주었다.

❹ そして頭の中に暴風が起こり、すべてが吹き飛ばされそうな感じがする。
그리고 머릿속에 폭풍이 일고 모든 것이 날아가 버릴 듯한 느낌이 든다.

❺ 昨日の台風で吹き飛ばされた看板や段ボールがあちこちに散乱している。
어제 태풍으로 날아가 버린 간판이나 종이 상자가 여기저기에 나뒹굴고 있다.

159 ▶▶▶ 打ちまける □□□□

意　쏟아놓다, 쏟아붓다, 모조리 드러내다, 숨김없이 털어놓다.

用　打ちまける는 '① 容器を引っくり返して中の物をすっかり撒き散らす　② 包み隠さずにすっかり表面に表わす, あらいざらい打ち明ける'의 의미로, 가방 안의 것을 모조리 쏟아 내놓거나 숨김없이 모든 것을 털어놓는 경우에 사용한다.

例

❶ 胸に蟠っていたことを存分に打ちまけ、男はそれを聞いてくれた。
가슴에 응어리져 있던 것을 마음껏 털어놓고 남자는 그것을 들어 주었다.

❷ 窓の外はすっかりミルクを打ちまけたような純白の世界に変わっていた。
창밖은 완전히 우유를 쏟아부은 듯한 순백의 세계로 변해 있었다.

❸ 大きな流氷の上にまさに黒いごみを打ちまけたように鳥の群れがいる。
큰 유빙 위에 그야말로 검은 쓰레기를 쏟아놓은 듯이 새의 무리가 있다.

❹ 眼の前の小さなテーブルの上にハンドバッグと中身が打ちまけられていた。
눈앞의 작은 테이블 위에 핸드백과 내용물이 쏟아져 있었다.

❺ まるで地震の時のように海は一気に不平不満を人に向かって打ちまける。
마치 지진 때처럼 바다는 단숨에 불평불만을 사람을 향해 쏟아낸다.

160 >>> 踏み荒らす

意 밟아 망치다, 마구 짓밟다.

用 踏み荒らすは '足で踏み付けてめちゃめちゃにする'의 의미로, '犬が庭を踏み荒らす(개가 정원을 짓밟다)', '畑を踏み荒らす(밭을 짓밟아 엉망으로 만들다)'처럼, 발로 짓밟아 엉망으로 만드는 경우에 사용한다.

例

❶ 彼らに踏み荒らされないのがせめてもの幸せであったと思った。
그들에게 짓밟히지 않는 것이 그나마 행복이었다고 생각한다.

❷ 色もよくないし、踏み荒らされて土が剥き出しになっている場所もある。
색도 좋지 않고 짓밟혀 땅이 드러나게 된 장소도 있다.

❸ よく見ると、その木の下には古い苔を踏み荒らした足跡が残っている。
잘 보면 그 나무 아래에는 오래된 이끼를 짓밟은 발자국이 남아 있다.

❹ 鏡のように磨き立てられた廊下を泥足で踏み荒らすのは気が引ける。
거울처럼 반들반들 닦아 놓은 복도를 진흙 발로 마구 밟는 것은 마음이 안 내킨다.

❺ 芝地が踏み荒らされ、木の枝が折れて、まるで何十人かが戦った跡のようだ。
잔디가 밟아 망가지고 나뭇가지가 부러지고 마치 몇십 명인가가 다툰 흔적인 것 같다.

161 >>> 踏み切る □□□□

意 결단하여 행동에 옮기다, 단행하다, 나서다.

用 踏み切る는 '① 跳躍競技で，地面やジャンプ台を強く蹴って反動を付ける ②決断してある行動に移る，思いきって行う ③ 相撲で土俵の外に足を出す，土俵を割る'의 의미로, '踏んで切る'처럼, 세게 밟아서 자르는 외에 도약판을 밟거나 결단하여 행동하거나 相撲 선수가 모래판 밖으로 발을 내딛는 경우 등에 사용한다.

例

❶ 新しい観点から、至急、行動に踏み切る必要があると指摘している。
새로운 관점에서 급히 행동에 나설 필요가 있다고 지적하고 있다.

❷ 買収を前提としていなかったからこそ、単独での工場建設に踏み切った。
매수를 전제로 하고 있지 않기 때문에 단독으로의 공장건설에 착수했다.

❸ この意味でも台湾が今後核武装に踏み切る可能性は低いと思われる。
이런 의미에서도 대만이 향후 핵무장에 나설 가능성은 낮다고 생각된다.

❹ この寒さに作業を始めるのは辛いが、肝心なのは仕事へ踏み切ることだ。
이 추위에 작업을 시작하는 것은 괴롭지만, 중요한 것은 일에 착수하는 것이다.

❺ 彼は心の病を抱える妻との離婚に踏み切れずに彼女との関係を続けていた。
그는 마음의 병을 안고 있는 처와의 이혼에 나서지 못하고 그녀와의 관계를 계속하고 있었다.

162 >>> 踏み躙る

意 밟아뭉개다, 짓밟다, 유린하다.

用 踏み躙る는 '① 踏み付けてめちゃめちゃに潰す, 踏み荒らす ② 人の気持ち・体面・名誉などをひどく傷付ける'의 의미로, 화단이나 잔디밭 등을 밟아 뭉개거나 약속・우정・호의 등을 짓밟는 경우에 사용한다.

例

❶ 手入れしたばかりの花壇を踏み躙ったのは一体誰なのだろう。
막 손질한 화단을 짓밟은 것은 도대체 누구인 걸까?

❷ 僕は友情を踏み躙ってまで自分の利益を追求しようとは思わない。
나는 우정을 짓밟고까지 자신의 이익을 추구하려고는 생각지 않는다.

❸ 誰かによって踏み躙られた畑を前に農民は呆然と立ち尽していた。
누군가에 의해 짓밟힌 밭을 앞에 두고 농민은 멍하니 서 있었다.

❹ 人の親切を平気で踏み躙るようなやつのことなど、どうなろうと知ったことではない。
남의 친절을 태연하게 짓밟는 그런 녀석 따위 어찌 되든 알 바 아니다.

❺ そんなつもりはなかったのだが、結果的には彼の行為を踏み躙ることになってしまった。
그럴 셈은 아니었는데, 결과적으로는 그의 행위를 짓밟은 것이 되고 말았다.

163 >>> 振り替える

意 대체하다.

用 振り替える는 '① 一時的にあるものを別の用途に使う ② 簿記で, ある勘定科目の記載を別の勘定科目に移す, 一般に帳簿上の付け替えだけで支払いを行う' 의 의미로, 휴일을 다른 날로 대체하거나 경비를 회의비로 대체하는 경우 등에 사용한다.

例

❶ 授業日はその当日の都合などによって別の日時に振り替えることができる。

수업날은 그 당일 상황 등에 따라 다른 날짜로 대체할 수 있다.

❷ 事故で不通になった区間はバスに振り替えて乗客を搬送することにした。

사고로 불통이 된 구간은 버스로 대체하여 승객을 나르기로 했다.

❸ うちの店は五の付く日が定休日だが、日曜日と重なると翌日に振り替える。

우리 가게는 5가 붙는 날이 정기휴일인데, 일요일과 겹치면 다음 날로 대체한다.

❹ 利率も全然違うので来月から普通預金を定期預金に振り替えようと思う。

이율도 전혀 달라 내년부터 보통예금을 정기예금으로 대체하려고 생각한다.

❺ 党は経済成長の高まりから所得倍増計画を掲げ、安保から経済に争点を振り替えた。

당은 높은 경제성장으로부터 소득배증계획을 내세워 안보에서 경제로 쟁점을 대체했다.

164 　降り掛かる

意 쏟아져 내리다, 덮쳐 오다.

用 降り掛かる는 '① 降ってきて体にかかる ② よくないことが身に及ぶ'의 의미로, 무언가가 몸에 쏟아져 내려오거나 비난이나 공격·위험·재난 등이 덮쳐오는 경우에 사용한다.

例

❶ 進学したばかりの兄に思わぬ災難が降り掛かってきた。
막 진학한 형에게, 뜻밖의 재난이 덮쳐왔다.

❷ 事故の責任は当然担当者に降り掛かっていくことだろう。
사고의 책임은 당연히 담당자에게 쏟아져 가는 것일 것이다.

❸ その時はまだ身に降り掛かる危険に全く気付かずにいたのだ。
그때는 아직 몸에 닥쳐올 위험에 전혀 눈치채지 못하고 있었다.

❹ 空襲の時には火の粉が雨のように降り掛かってきて逃げるのが精一杯だった。
공습 때는 불똥이 비처럼 쏟아져 내려 도망가는 것이 고작이었다.

❺ 建築現場を通ったとき、白い粉のようなものが降り掛かってきて洋服や髪の毛にくっついた。
건축현장을 지났을 때 흰 가루와 같은 것이 쏟아져 내려 양복과 머리카락에 달라붙었다.

165 ﹥﹥﹥ 振り払う

意 뿌리치다, 떨쳐내다.

用 振り払うは 振り放すと 같이 'しがみついている 物を強く振るようにして離れさせる'
의 의미로, 자신의 몸에 튀어 엄습해오는 것을 털어내거나 자신을 향해 몰려드는 사
람들로부터 빠져나가려고 뿌리치거나 하는 경우에 사용한다.

例

❶ 火の粉を振り払いながら火事の現場から逃げ出した。
불똥을 떨쳐내면서 화재 현장에서 도망쳐 나왔다.

❷ 彼は警備員の制止を振り払って会場に入ろうとした。
그는 경비원의 제지를 뿌리치고 회의장에 들어가려고 했다.

❸ 噂の女優は報道陣を振り払うと逃げるように部屋に入っていった。
소문의 여배우는 보도진을 뿌리치고 도망치듯이 방에 들어갔다.

❹ 観光客はすがり付く子供たちを振り払って足早に去って行った。
관광객은 매달려 드는 어린이들을 뿌리쳐 떼어내고 빠른 걸음으로 떠나갔다.

❺ 私たちはこれまでの常識を頭の中から振り払うことから作業を始めた。
우리는 지금까지의 상식을 머릿속에서 떨쳐내는 일에서부터 작업을 시작했다.

(166) 振り絞る ^{ふ しぼ}

意 (목소리·힘·지혜 등을 최대한으로) 쥐어짜다.

用 振り絞る는 '絞るようにして出し尽す'의 의미로, 'ありったけの力を振り絞る'처럼, 있는 힘을 다 짜내는 경우에 사용한다.

例

❶ 両校のフィフティーンは気力を振り絞り、死力を尽くして戦った。
양교의 럭비팀은 기력을 짜내어 사력을 다해 싸웠다.

❷ みんな今回の仕事に成功するため、ありったけの力を振り絞った。
모두 이번 일에 성공하기 위해 있는 모든 힘을 짜냈다.

❸ 声を振り絞って叫ぶが、言葉は大きな塊のように喉につっかえて出てこない。
목소리를 쥐어 짜 외치지만, 말은 큰 덩어리처럼 목에 막혀 나오지 않는다.

❹ 男の瞼がひくひくと動き、全身の力を振り絞るように、やっとのことで瞼が開かれた。
남자의 눈이 찔끔찔끔 움직이며 전심의 힘을 쥐어 짜내듯이 간신히 눈을 떴다.

❺ 彼は重いリュックを背負い直し、最後の気力を振り絞るようにして、再び歩き出した。
그는 무거운 백팩을 고쳐매고 마지막 기력을 쥐어 짜내듯이 하며 재차 걷기 시작했다.

167 振り回す

□□□□□

意 흔들어 돌리다, 휘두르다, 과시하다.

用 振り回すと '① 手や手に持った物を勢いよく振って動かす ② むやみに使う, 乱用する ③ 得意げに示す, ひけらかす ④ 思うままに人を動かす'의 의미로, 팔을 흔들어 돌리거나 권력을 함부로 쓰거나 어중간한 지식을 과시하거나 수동형으로 헛소문에 휘둘리거나 하는 경우에 사용한다.

例

① 駅のホームなどで傘を振り回すのは止めましょう。
역의 홈 등에서 우산을 돌려 흔드는 일은 하지 맙시다.

② 犯人は持っていた包丁を振り回して威嚇したそうだ。
범인은 가지고 있던 식칼을 휘두르며 위협을 했다고 한다.

③ いい加減な知識を振り回すのは逆に無知をさらけ出す元になる。
어중간한 지식을 휘두르는 것은 역으로 무지를 드러내는 단초가 된다.

④ 相手の多彩な攻撃に振り回され、引き分けに持ち込むのがやっとだった。
상대의 다채로운 공격에 휘둘려 무승부로 가져가는 것이 겨우였다.

⑤ 売り場主任という肩書きを振り回してあれこれと指図する彼にみな反感を持っていた。
매장주임이라는 직함을 휘둘러 이것저것 지시하는 그에게 모두 반감을 가지고 있었다.

踏ん張る

意　양다리를 벌리고 힘껏 버티다, 완강히 버티다, 힘내다, 강하게 주장하다.

用　踏ん張る는 '① 開いた足に力を入れて体をしっかりと踏み支える ② 気力を出して堪える, 頑張る'의 의미로, 몸으로 잘 버티거나 힘을 내 견디거나 분발하는 경우 등에 사용한다.

例

❶ 男の子は両足を踏ん張って必死で網を引っ張っている。
남자아이는 양발을 버티며 필사적으로 망을 끌어당기고 있다.

❷ 武将はあぶみを踏ん張ると、馬上に立ち上がり名乗りを挙げた。
무장은 등자를 밟아서자 마상에 일어나 이름을 댔다.

❸ そんな時代でも村民は教育の灯を消してはならないと懸命に踏ん張った。
그런 시대에도 촌민은 교육의 등불을 꺼서는 안 된다고 열심히 주장했다.

❹ 体が揺れ踏ん張っていたけれど、いまにも屋根から落ちそうに傾いだ。
몸이 흔들려 버티고 있었지만, 금방이라도 지붕에서 떨어질 듯이 기울어졌다.

❺ 今までの努力は何のためだったんだ、ここで踏ん張らなければ男じゃない。
지금까지의 노력은 무엇을 위한 것이었나, 여기서 버티지 않으면 남자가 아니다.

169 >>> へばり付く □□□□

意 달라붙다, 눌러붙다.

用 へばり付く는 'ぴったり張り付く, 離れないようにくっつく'의 의미로, '都会の片隅に へばり付く', '子供が母親にへばり付く'처럼 도시 한구석에 눌러 붙거나 아이가 엄마에 달라붙거나 하는 경우에 사용한다.

例

❶ 車のフロントガラスにへばり付いている油膜を落とした。
차의 앞 유리에 눌러붙어 있는 기름 막을 없앴다.

❷ そう机にへばり付いてばかりいないで、少し運動をしなさい。
그렇게 책상에만 달라붙어 있지 말고 운동을 좀 하세요.

❸ 部屋の床にへばり付いてごろごろしているから太るんだよ。
방바닥에 눌러앉아 빈둥빈둥하고 있으니 살이 찐다.

❹ 失敗と分かったことにいつまでもへばり付いてはいられない性質だ。
실패라고 안 상황에 계속 눌러앉아는 있지 못 할 성질이다.

❺ 眠気が体にへばり付き、水の中を歩いてでもいるかのように感じる。
졸음이 몸에 달라붙어 물속을 걷고라도 있는 것처럼 느낀다.

170 放り出す

意 던지다, 집어치우다, 내팽개치다, 내버려두다.

用 放り出す는 '放っておく, 放り投げる'의 의미로, 물건을 집어 던지거나 일을 내팽기치거나 어떤 장소로 내던지는 경우에 사용된다. 강조하여 'ほっぽり出す'의 형태로 사용된다.

例

❶ 途中まで読んで放り出した本が机の上にたまってしまった。
도중까지 읽고 내팽개친 책들이 책상 위에 쌓여버렸다.

❷ 両親を亡くした幼い兄弟はたった二人で世間に放り出された。
부모를 잃은 어린 형제는 단둘이서 세상에 내던져졌다.

❸ おや、うちの棟梁、仕事を放り出したまま、どこ行っちまったんだろ。
어, 우리 보스, 일을 내팽개친 채 어디 가버린 걸까?

❹ 母は癇癪を起こしてテーブルの上のお皿を窓の外へ放り出した。
어머니는 화를 내며 테이블 위의 접시를 창밖으로 집어 던졌다.

❺ 母親の姿を見つけると、子供は持っていたおもちゃを放り出して走っていった。
엄마의 모습을 발견하자 아이는 가지고 있던 장난감을 집어던지고 달려갔다.

171 ▶▶▶ 舞い上がる □□□□

意 날아오르다, 들뜨다, 기뻐 어찌할 바를 모르다.

用 舞い上がる '① 舞うようにして高く上がる ② いい気になって浮かれる, 有頂天になる'의 의미로, 먼지나 모래, 눈 등의 무언가가 높이 날아오르거나 기분이 좋아 들뜨거나 하는 경우에 사용한다.

例

❶ 爆発したかのように舞い上がった雪が落ちてきて頬に触れ、消えた。
폭발한 듯이 날아오른 눈이 떨어져 볼에 닿고 사라졌다.

❷ 洞窟に積もった埃を舞い上がらせ相手の視界を塞ごうと考えたのだ。
동굴에 쌓인 먼지를 날아오르게 하여 상대의 시계를 막으려고 생각했다.

❸ あたかも目に見えぬ翼で高く舞い上がり、空を飛んでいるかのようだった。
마치 눈에 보이지 않는 날개로 높이 날아올라 하늘을 날고 있는 것 같았다.

❹ 自分では分からなかったが、どうやら、よほど舞い上がった状態だったらしい。
자신은 몰랐지만, 아무래도 어지간히 들뜬 상태였던 것 같다.

❺ 母の声はアルコールが入っているせいもあって、完全に舞い上がっている。
어머니 목소리는 알콜이 들어가 있는 탓도 있어 완전히 들떠 있었다.

172 〉〉〉 **罷り通る**

意 버젓이 통하다, 당당하게 통용되다.

用 罷り通る는 '堂々と通る, 堂々と通用する'의 의미로, 거짓이 진실처럼 아무렇지 않은 듯이 통용되거나 무언가가 당당히 통용되는 경우에 사용된다.

例

❶ 嘘が真実として大手を振って罷り通っているのが堪らなかった。

거짓이 진실로서 활보하며 버젓이 통하고 있는 것이 참을 수 없었다.

❷ あなたが過去に誰かの夫として罷り通っていたなんて信じられない。

당신이 과거에 누군가의 남편으로서 버젓이 통하고 있었다니 믿을 수 없다.

❸ 実験では病気に感染しても治療を行わずに観察を続けることが罷り通っていた。

실험에서는 병에 감염되어도 치료를 하지 않고 관찰을 계속하는 것이 버젓이 통용되었었다.

❹ 意識を失ってほとんど苦しむことはないので、残虐ではないという理屈が罷り通った。

의식을 잃어 거의 괴로워할 일은 없어서 잔혹하지 않다는 이유가 통용되었다.

❺ 世の中がのんびりしていた戦前だから罷り通っていたが、いまはとうてい考えられぬことである。

세상이 여유로웠던 전전이기에 통용되었지만, 지금은 도저히 생각할 수 없는 일이다.

173 >>> 巻き込む □□□□

意 말려들게 하다, 휩쓸리게 하다, 끌어넣다, 끌어들이다, 연루시키다.

用 巻き込むと '巻いて中へ入れる, ある事態や関係に引き入れる'의 의미로, ' 人・対象を巻き込む'처럼, 사람・대상을 끌어들이거나, '事件・事故に巻き込まれる'처럼, 수동형으로 사건・사고에 휘말리는 경우 등에 사용한다.

例

❶ 以上が、簡単だが、私の巻き込まれた恐ろしい出来事の顛末だ。
이상이 간단하지만 내가 휘말려든 무서운 사건의 전말이다.

❷ さっきから嫌な気分なのは一般市民を巻き込もうとする作戦だからだ。
아까부터 이상한 기분인 것은 일반 시민을 끌어들이려 하는 작전이기 때문이다.

❸ 製錬所の設置については県を巻き込んで地元民の反対運動も展開された。
제련소 설치에 관해서는 현을 끌어들여 지역민의 반대운동도 전개되었다.

❹ 噂に巻き込まれるのは自分自身がしっかりしていない証拠だと思われる。
소문에 휩쓸리지 않는 것은 자기 자신이 확고하지 않다는 증거라고 생각된다.

❺ 心の準備をし、彼女を共犯者として巻き込みながらその父親に会ったのだ。
마음의 준비를 하고 그녀를 공범자로서 끌어들이면서 그 아버지를 만난 것이다.

174 **混ぜ返す / 交ぜ返す / 雑ぜ返す**

意 뒤섞다, 잘 섞다, 말참견하여 이야기 내용을 혼란 시키다, 훼방 놓다.

用 混ぜ返す는 'よくかき混ぜる、脇から口を挟んで人の話を混乱させる'의 의미로, '飯に酢をかけて混ぜ返す、人の言うことを混ぜ返す'처럼, 밥에 식초를 넣어 뒤섞거나 남의 말을 중간에 끼어들어 훼방을 놓는 경우 등에 사용한다. '混ぜっ返す'의 형태로도 사용한다.

例

❶ 土を掘って汚物を新たに混ぜ返し、新しい土で埋め、臭いの古い痕跡を消す。

흙을 파서 오물을 새로 섞고 새 흙으로 묻어 냄새의 오랜 흔적을 지운다.

❷ 一生懸命説明しているときに話を混ぜ返されるのは説明者としては不愉快だ。

열심히 설명하고 있을 때 개입하여 이야기를 혼란스럽게 하는 것은 설명하는 사람으로서는 불쾌하다.

❸ おやじさん、冗談ぽく混ぜ返していたけど、娘のことを密かに気にしているんだ。

아버지, 농담처럼 말을 얼버무렸지만, 딸에 대해 내심 신경을 쓰고 있다.

❹ 砂利を混ぜ返す音がじりじり髄に応える向こうの坂路をバスが傾きながら流れて来た。

자갈을 뒤섞는 소리가 조금씩 온몸에 전해오는 저편 언덕길을 버스가 기울어지면서 흘러왔다.

❺ 先輩は会議が終わるまで意見どころか、いつもの混ぜ返しやギャグ一つ言わなかった。

선배는 회의가 끝날 때까지 의견은커녕 늘 하는 말참견이나 개그 하나 말하지 않았다.

175 待ち侘びる

□□□□

意 애타게 기다리다, 고대하다.

用 待ち侘びる는 'なかなか来ないので心配しながら待つ'이 의미로, '帰り・夜明け・春・入学・退院を待ち侘びる'처럼, 귀가·날 새기·봄·입학·퇴원을 애타게 기다리는 경우에 사용한다.

例

❶ お土産を頼んだ弟が父の帰りを待ち侘びている。
선물을 부탁한 남동생이 아버지가 돌아오기를 고대하고 있다.

❷ 堅い芽をつけた桜の木も暖かい春を待ち侘びているかのようだ。
단단한 싹을 틔운 벚나무도 따뜻한 봄을 애타게 기다리고 있는 것 같다.

❸ 妹はまだ半年以上も先の小学校へ入学する日を今から待ち侘びている。
여동생은 아직 반년 이상이나 남은 초등학교 입학 날을 지금부터 고대하고 있다.

❹ 今夜が峠だと言われた家の者たちは病人を見守りながら夜開けを待ち侘びた。
오늘 밤이 고비라는 말을 들은 집안사람들은 환자를 지켜보면서 날새기를 애타게 기다렸다.

❺ 長い入院生活で見舞い客もほとんどなくなった今、私はただ退院できる日を待ち侘びている。
오랜 입원생활로 병문안 손님도 거의 없어진 지금 나는 그저 퇴원할 날을 애타게 기다리고 있다.

176 見上げる

意 올려보다, 우러러보다, 훌륭하다고 생각하다.

用 見上げるは '下から上を見る, 称賛や尊敬の気持ちで見る, 立派だと感心する'의 의미로, '空を見上げる', '人を見上げる', '見上げた行為'처럼, 하늘을 올려보거나 사람을 우러러보거나 행위 등이 훌륭함을 나타내는 경우에 사용한다.

例

❶ 見上げると壁にかかった時計の針は七時を少し回ったところだった。
올려다보니 벽에 걸린 시계 바늘은 7시를 조금 넘긴 상황이었다.

❷ 教室へ入ってくる者は決って驚いたように天上を見上げ、何か言った。
교실로 들어오는 자는 으레 놀란 듯이 천정을 올려다보고 무언가 말했다.

❸ 沈みかけた船の中で救命具を他人に譲るような見上げた人物もいる。
침몰해 가는 배 안에서 구명 장구를 타인에게 양보하는 그런 훌륭한 인물도 있다.

❹ 小さくて弱々しかった教え子に会ったら、見上げるような大男に成長していた。
작고 허약했던 제자를 만났더니, 올려다봐야 할 그런 큰 남자로 성장해 있었다.

❺ 幼い妹を庇って必死に猛犬を防いだ十歳の兄の行為は見上げたものである。
어린 여동생을 감싸고 필사적으로 맹견을 방어한 10살 먹은 오빠의 행위는 훌륭했었다.

177 ≫≫ 見合わせる

□□□□

意 서로 마주보다, 비교해 보다, 대조하다, 실행을 미루다, 보류하다.

用 見合わせる는 'お互いに相手を見る, 比べて見る, 対照する, 事情を考慮し実行を 止めて様子を見る'의 의미로, '顔を見合わせる', '計画, 実行を見合わせる'처럼, 얼굴을 마주 보거나 비교·대조하거나 계획·실행을 미루는 경우에 사용한다.

例

❶ 何人かがそっと顔を見合わせたが、だれも口を開くものはいなかった。
몇인가가 살짝 얼굴을 마주 보았지만 아무도 입을 여는 자는 없었다.

❷ 二人は一番奥のドアの前まで来ると、立ち止まって顔を見合わせた。
둘은 가장 안쪽 문 앞까지 오자 멈춰서서 얼굴을 마주 보았다.

❸ 他の漁師が出港を見合わせるような天候の日でも彼はよく出漁した。
다른 어부가 출항을 보류하는 그런 날씨의 날에도 그는 곧잘 출어했다.

❹ 父の病気で見合わせていた家の新築計画を全快とともに進めること
になった。
아버지의 병으로 보류하고 있던 집의 신축 계획을 완쾌와 함께 진행하게 되었다.

❺ 楽しみにしていた家族旅行も季節はずれの台風が近づいたので、
実行を見合わせた。
고대하고 있던 가족 여행도 계절에 맞지 않는 태풍이 다가와서 실행을 미루었다.

178 〉〉〉 **見入る / 魅入る**

意 열심히 보다, 주시하다, 넋을 잃고 보다.

用 見入る는 'じっと見る, 引き付けられて見る, 見惚れる'의 의미로, 대상에 に를 쓰고, 꼼짝 않고 보거나 무언가에 빠지거나 넋을 잃고 보는 경우에 사용하며, 수동형으로 '悪魔に見入られる(악마에 홀리다)'처럼 사용하기도 한다.

例

❶ 少年は舞台に見入ったまま、ほとんど息さえもつこうとしない。
소년은 무대에 몰입한 채 거의 숨조차도 쉬려 하지 않는다.

❷ 孔子は少し離れたところに一人腰を下ろしてじっと水に見入っていた。
공자는 조금 떨어진 곳에 홀로 앉아 가만히 물을 주시하고 있었다.

❸ 小柄で華奢な男は身じろぎもせずに鏡の中の自分に見入っていた。
몸집이 작고 연약한 남자는 꼼짝도 하지 않고 거울 안 자신을 넋을 잃고 보고 있었다.

❹ 誰もが魔に見入られたようだったあの晩、最もおかしかったのは妻だった。
누구나가 마에 홀린 듯했던 그날 밤 가장 이상했던 것은 아내였다.

❺ 暫くの間、私は言葉を発することもできず、彼女の美しさに見入っていた。
잠시동안 나는 말 한마디도 하지 못하고, 그녀의 아름다움에 넋을 잃고 있었다.

179 ⟫⟫ 見え透く □□□□

意 속까지 환히 비쳐 보이다, 뻔히 들여다보이다, 속보이다.

用 見え透くた '① 透き通っていて中や底までよく見える ② 隠された意図や本心がよく分かる'의 의미로, '計画が見えすく(계획이 뻔히 보이다), 見えすいた策略(뻔히 보이는 책략)'처럼, 투명하여 안이나 바닥까지 잘 보이거나 숨겨진 의도나 본심을 잘 알 수 있는 경우에 사용한다.

例

❶ あの少年は平気で見え透いた嘘を言うから信用できない。
저 소년은 태연하게 뻔히 보이는 거짓말을 하기 때문에 신용할 수 없다.

❷ そんな見え透いたお世辞を言ってもらっても、ちっとも嬉しくない。
그런 뻔히 보이는 아부를 해 와도 조금도 기쁘지 않다.

❸ 甘い言葉に騙されていたが、だんだん彼の本心が見え透いてきた。
달콤한 말에 속고 있었지만, 점점 그의 본심이 뻔히 보여왔다.

❹ 何の関係もない写真を持たせて指紋を採るなんて、見え透いた手を使うものだ。
아무 관계도 없는 사진을 들게 하고 지문을 채취하다니 뻔히 보이는 수를 쓰는 것이다.

❺ あれは故意に捜査を混乱させるために仕組んだものであることは見え透いていた。
그것은 고의로 수사를 혼란 시키기 위해 꾸민 것임이 뻔히 보였었다.

意 단념하다, 포기하다, 관계를 끊다.

用 見限る는 '見込みがないと判断して諦める, 見切りをつける'의 의미로, '医者が見限る(의사가 포기하다), 会社を見限る(회사를 포기하다), 人を見限る(사람과 관계를 끊다), 世の中を見限る(세상을 등지다)'처럼, 전망이 없다고 판단하여 단념·포기하거나 관계를 끊는 경우에 사용한다.

例

❶ 本人は知らないが、末期の肺癌で医者も見限っているという。
본인은 모르지만 말기 폐암으로 의사도 단념했다고 한다.

❷ 経営不振だからといって、そう簡単に会社を見限ることはできない。
경영 부진이라고 해서 그렇게 간단히 회사를 포기할 수는 없다.

❸ 煩わしい世の中を見限って山奥に引っ込んでしまった友人がいる。
번거로운 세상을 등지고 산속에 틀어박혀 버린 친구가 있다.

❹ あんな甲斐性のない男はいい加減に見限って別れてしまえばいいのに。
저런 변변치 못한 남자는 적당히 포기하고 헤어져 버리면 좋으련만.

❺ この頃ちっとも訪ねてきてくれないから、すっかり見限られたかと思っていた。
요즘 전혀 찾아와 주지 않아서 완전히 버림받았다고 생각하고 있었다.

181 >>> 見据える

□□□□

[意] 가만히 바라보다, 응시하다, 확실히 보다, 잘 보다, 확인하다.

[用] 見据える는 '①じっと見つめる ②しっかり見届ける, 見定める'의 의미로, '相手を見据える(상대를 응시하다), 将来を見据える(장래를 잘 보다)'처럼, 무언가를 꼼짝 않고 바라보거나 정확하게 보거나 확인하는 경우 등에 사용한다.

[例]

❶ 彼はほとんど動かずに、相手の剣の切っ先をじっと見据えている。
그는 거의 움직이지 않고 상대의 검 끝을 가만히 응시하고 있다.

❷ ただ正面から相手を見据えたとき、僅かだが奇妙な違和感を覚えた。
다만 정면에서 상대를 응시했을 때 작지만 기묘한 위화감을 느꼈다.

❸ 無邪気な彼女の眼に見据えられ、血の沸騰を覚えぬ男があるだろうか。
순진한 그녀의 눈이 뚫어지게 보는데 피가 끓는 것을 느끼지 않을 남자가 있을까?

❹ 彼は院長の表情の変化を見逃すまいと、彼女をひたと見据えながら言った。
그는 원장의 표정 변화를 놓치지 않겠다며 그녀를 계속 응시하면서 말했다.

❺ 選手たちはスタートラインに手をつくと、緊張した表情で前方を見据えた。
선수들은 스타트라인에 손을 집고 긴장한 표정으로 전방을 바라보았다.

182 見立てる _{みた}

意 보고 고르다, 보고 판단하다, 진단하다, 가정하다, 비유하다.

用 見立てるた는 '① 見て選ぶ, 選んで決める ② 病気を診断する ③ 仮にそのものと見なす, 準える'의 의미로, 옷을 보고 고르거나 의사가 병을 진단하거나, 'に見立てる'의 형태로 가정하거나 비유하는 경우에 사용한다.

例

❶ ぼくの洋服はすべてフィアンセが見立ててくれたものだ。
내 양복은 모두 약혼녀가 골라 준 것이다.

❷ 医者が見立てるには私の病気は神経性胃炎ということだった。
의사가 보고 판단하기에는 나의 병은 신경성 위염이라는 것이었다.

❸ 着付けを勉強中なので、家では娘たちを客に見立てて練習をしている。
옷 입는 법을 공부하는 중이라 집에서는 딸들을 손님으로 간주하고 연습하고 있다.

❹ 東洋では月の海をウサギが餅つきをしている姿に見立てることがある。
동양에서는 달의 바다를 토끼가 떡방아를 찧고 있는 모습에 비유하는 일이 있다.

❺ これを甲板に見立てると、全体としてノアの方舟のような形となるためである。
이것을 갑판으로 가정하면 전체로서 노아의 방주와 같은 형태가 되기 때문이다.

183 ⟫⟫⟫ 見て取る □□□□

意 모습을 보고 깨닫다, 간파하다, 알아채다.

用 見て取る는 '様子を見て悟る, 見抜く, 見破る'의 의미로, 어떤 모습이나 상황 등을 보고 깨닫거나 간파하는 경우에 사용한다.

例

❶ 風の強さと火の勢いをすばやく見て取り、逃げ道を決定した。
바람의 세기와 불의 기세를 재빠르게 간파하고 도망갈 길을 결정했다.

❷ 蝋燭が最後に見た時から一ミリも短くなっていないのが見て取れた。
촛불이 마지막에 봤을 때부터 1밀리도 짧아지지 않은 것을 알아챌 수 있었다.

❸ 救助隊が近づいたと見て取るや、彼らはまたしても妨害に出てきた。
구조대가 다가왔다고 간파하자마자 그들은 재차 방해로 나왔다.

❹ 彼女も懸命に吐き気を堪えている様子がその口の動きで見て取れた。
그녀도 열심히 구토를 참고 있는 모습이 그 입의 움직임으로 알아낼 수 있었다.

❺ 彼は微笑んでいたが、声や態度には脅迫的な様子がかすかに見て取れた。
그는 미소 짓고 있었지만, 목소리나 태도에는 협박적인 모습이 희미하게 간파되었다.

184 見取る

意 보고 확실히 알다, 간파하다, 보고 베끼다.

用 見取る는 '見てはっきりと知る'의 의미로, 'すばやく·正確に見取る'처럼, 무언가를 빠르게 또는 정확하게 보고 알아차리거나 간파하는 경우에 사용한다.

例

❶ それを不満の色と見取った彼は自らの服のボタンに手をかけた。
그것을 불만의 표시로 간파한 그는 자신의 옷 단추에 손을 댔다.

❷ 相手もこちらの戦意を見取ったのか、本腰を入れて迎撃態勢を取る。
상대도 이쪽의 전의를 간파한 것인지 본격적으로 받아칠 태세를 취한다.

❸ 窓越しに見たとき、井戸の縁石に欠けがないことを見取っていたのである。
창문 너머로 봤을 때 우물 테두리 돌에 깨진 곳이 없음을 간파하고 있었다.

❹ 彼が横目で見取ったところでは監督もおそらく彼の言うことに同感だったらしかった。
그가 곁눈으로 알아차린 바로는 감독도 아마 그가 말하는 것에 동감이었던 것 같았다.

❺ 石膏のデッサンでは陰影を正確に見取るようにすると、立体感のある作品ができあがる。
석고 데생에서는 음영을 정확히 파악해내도록 하면, 입체감 있는 작품이 완성된다.

185 >>> 見惚れる □□□□

意 넋을 잃고 보다, 멍하니 보다, 보고 반하다.

用 見惚れる는 '心を奪われて見入る, うっとり見る, 見惚れる'의 의미로, 대상의 아름다움에 넋을 잃고 멍하니 보는 경우에 사용한다.

例

❶ 出てきた女医の美しさに男は傷のことも忘れてしばらく見惚れている。
나온 여의사의 아름다움에 남자는 상처도 잊고 잠시 넋을 잃고 있다.

❷ 淀みなく実にわかりやすい説明に私は係員の顔に見惚れてしまった。
막힘없이 실로 알기 쉬운 설명에 나는 담당자 얼굴에 넋을 잃어버렸다.

❸ 漁師たちは波静かな月夜の海面で大自然の美しさに見惚れていた。
어부들은 파도가 잠잠한 달밤의 해면에서 대자연의 아름다움에 넋을 잃고 있었다.

❹ あまりにも夕焼けが綺麗だったので、つい立ち止まって見惚れてしまった。
너무나도 저녁놀이 아름다워서 그만 멈춰서서 멍하니 보고 말았다.

❺ 軽快なリズムに乗って軽やかに舞う少女たちの姿に観衆はうっとりと見惚れていた。
경쾌한 리듬에 따라 가볍게 춤추는 소녀들의 모습에 관중은 멍하니 넋을 잃고 있었다.

186 見^みまがう

見まがう

意 잘못 보다, 오인하다.

用 見^みまがうは '見誤^{みあやま}る, 見間違^{みまちが}える'의 의미로, 무언가를 착각하거나 오인하여 잘못 보는 경우 등에 사용한다.

例

❶ 希望^{きぼう}は初^{はじ}めから断^たち切^きられ、鳥^{とり}さえも曇空^{くもりぞら}に見^みまがう灰色^{はいいろ}をしている。

희망은 처음부터 단절되어 새조차도 어두운 하늘로 착각할 회색을 하고 있다.

❷ 初^{はじ}めて会^あった頃^{ころ}の夫人^{ふじん}は未婚女性^{みこんじょせい}と見^みまがうほど若^{わか}く溌剌^{はつらつ}としていた。

처음 만난 때의 부인은 미혼여성으로 오인할 정도로 젊고 활발했었다.

❸ 天使^{てんし}ともまるで見^みまがうような悪魔^{あくま}が自分^{じぶん}の頭上^{ずじょう}をかすめて行^いくのが見^みえた。

천사로도 마치 오인할 듯한 악마가 자신의 머리 위를 스치고 가는 것이 보였다.

❹ 岬^{みさき}の上^{うえ}には岩^{いわ}と見^みまがいかねないような幾人^{いくにん}かの見張^{みは}りのシルエットが浮^うき出^だしている。

곶 위에는 바위로 착각할지도 모를 듯한 몇 명인가의 파수꾼의 실루엣이 떠올라 있다.

❺ どれもこれも美術学校^{びじゅつがっこう}の学生^{がくせい}が描^かいた作品^{さくひん}と見^みまがうばかりの見事^{みごと}な出来映^{できば}えだった。

이것저것 모두 미술학교 학생이 그린 작품으로 오인할 만한 훌륭한 솜씨였다

―187 >>> 見遣る

□□□□

意   먼 곳을 바라보다, 언뜻 보다.

用   見遣る는 '視線をその方に向ける, 遠くの方を眺め見る'의 의미로, 어떤 소리가 나는 곳을 보거나 멀리 바다 쪽을 바라보는 경우 등에 사용한다.

例

❶ 遥か遠く沖を見遣ると、大きなフェリーが航行している。
아득히 멀리 앞바다를 보니, 큰 페리가 항행하고 있다.

❷ 煙の靡く方向を静かに見遣ってから男は腰を上げた。
연기가 나부끼는 방향을 조용히 보고 나서 남자는 일어섰다.

❸ チラっと相手の顔を見遣ったきり駅員はすぐに目を逸らした。
얼핏 상대의 얼굴을 본 채 역무원은 바로 눈을 돌렸다.

❹ ふと時計を見遣ると、もう一時間目の授業が始まっている時間だった。
문득 시계를 보니, 벌써 1교시 수업이 시작된 시간이었다.

❺ 彼女は二人の不安そうな顔を悲しげに見遣り、眼にいっぱい涙を浮かべた。
그녀는 둘의 불안한 듯한 얼굴을 슬픈 듯이 보고 눈 가득히 눈물을 머금었다.

188 目掛ける

意 노리다, 겨냥하다, 향하다, 목표로 하다.

用 目掛ける는 '目標として狙う, 目指す'의 의미로, 무언가를 노리거나 목표로 하는 경우에 사용한다.

例

❶ 怪しい物音に驚いて彼はやぶを目掛けてドカンとぶっ放した。
이상한 소리에 놀라서 그는 덤불을 향해 쾅하고 쏘았다.

❷ ぼくは相手チームのボールを奪うと、ゴール目掛けて突進した。
나는 상대 팀의 공을 빼앗아 골을 향해 돌진했다.

❸ りんごの的を目掛けて放たれた矢は見事、真ん中に命中した。
사과 과녁을 향해 쏘아진 화살은 멋지게 한 가운데로 명중했다.

❹ ぼくらは陣地の中から相手を目掛けて夢中で雪のボールを投げつけた。
우리는 진지 안에서 상대를 노리고 정신없이 눈뭉치를 던졌다.

❺ 祖父はきせるの煙を天井目掛けて吹き上げながら、目は遠くを見ているのだった。
조부는 담뱃대의 연기를 천정을 향해 뿜어 올리면서 눈은 먼 곳을 보고 있었다.

189 ››› 巡り会う □□□□

[意] 우연히 만나다, 상봉하다.

[用] 巡り会う는 '巡りめぐってやっとのことで出会う'의 의미로, 사람이나 물건 또는 행운 등을 우연히 만나는 경우에 사용한다.

[例]

❶ 宝くじで当るようなそんな幸運に巡り合いたいものだ。
복권에서 당첨되는 것 같은 그런 행운을 만나고 싶다.

❷ 別れ別れになった親友同士が偶然にも十年ぶりに巡り合った。
뿔뿔이 흩어진 친구끼리 우연히도 10년 만에 해후했다.

❸ 将来巡り会うはずの異性を意識すると、いよいよ暗い気持ちに陥った。
장래에 만날 터인 이성을 의식하니 더욱더 어두운 마음에 빠졌다.

❹ 一冊の本に巡り合うことで、その後の生き方が決まってしまうこともある。
한 권의 책과의 우연한 만남으로 그 후의 삶이 정해져 버리는 일도 있다.

❺ 宇宙でまさかこんなにいい星に巡り会うなんて、私は考えても見なかった。
우주에서 설마 이렇게 좋은 별을 만나다니 나는 생각도 못 해봤다.

190　もぎ取<ruby>と</ruby>る / 捥<ruby>も</ruby>ぎ取る

意　잡아 떼다, 비틀어 따다, 낚아채 빼앗다.

用　もぎ取<ruby>と</ruby>る는 '捩<ruby>ね</ruby>じるようにして取<ruby>と</ruby>る'의 의미로 '柿<ruby>かき</ruby>・トマトをもぎ取<ruby>と</ruby>る(감·토마토를 비틀어 따다)', '腕<ruby>うで</ruby>・足<ruby>あし</ruby>をもぎ取<ruby>と</ruby>る(팔·발을 비틀어 떼다)', 'ピストルをもぎ取<ruby>と</ruby>る(권총을 빼앗다)'처럼, 비틀 듯이 하여 취하는 경우에 사용한다.

例

❶ 茎<ruby>くき</ruby>からもぎ取<ruby>と</ruby>ったトマトは箱<ruby>はこ</ruby>につめて市場<ruby>しじょう</ruby>に出荷<ruby>しゅっか</ruby>する。
줄기에서 비틀어 딴 토마토는 상자에 채워 시장에 출하한다.

❷ いじって遊<ruby>あそ</ruby>んでいた赤<ruby>あか</ruby>ちゃんが私<ruby>わたし</ruby>の人形<ruby>にんぎょう</ruby>の足<ruby>あし</ruby>をもぎ取<ruby>と</ruby>ってしまった。
만지작거리고 놀고 있던 아기가 내 인형의 발을 비틀어 떼어 버렸다.

❸ 子供<ruby>こども</ruby>たちは木<ruby>き</ruby>によじ登<ruby>のぼ</ruby>ると、枝<ruby>えだ</ruby>から柿<ruby>かき</ruby>をもぎ取<ruby>と</ruby>り、みんな持<ruby>も</ruby>っていった。
아이들은 나무에 기어오르더니 가지에서 감을 따 모두 가지고 갔다.

❹ 勇敢<ruby>ゆうかん</ruby>な銀行員<ruby>ぎんこういん</ruby>は男<ruby>おとこ</ruby>に飛<ruby>と</ruby>びかかると、格闘<ruby>かくとう</ruby>の末<ruby>すえ</ruby>ピストルをもぎ取<ruby>と</ruby>った。
용감한 은행원은 남자에게 덤벼들어 격투 끝에 권총을 빼앗았다.

❺ 戦争<ruby>せんそう</ruby>で右腕<ruby>みぎうで</ruby>をもぎ取<ruby>と</ruby>られたおじさんは仕事<ruby>しごと</ruby>をするのはいつも左<ruby>ひだり</ruby>の腕<ruby>うで</ruby>なのだ。
전쟁에서 오른팔을 잃은 아저씨는 언제나 왼팔로 일을 한다.

191 ≫ 持ち替える

意　딴 손으로 바꿔 쥐다, 쥐는 법이나 갖고 있는 것을 바꾸다, 바꿔 들다.

用　持ち替える는 '① 持つ手を一方から他方に替える ② 持ち方を替える ③ 持つもの
を替える'의 의미로, 물건을 다른 손으로 바꾸어 들거나 잡는 법을 바꾸거나 펜을 무
기로 바꿔 들거나 하는 경우에 사용한다. 같은 음의 '持ち帰る(가지고 돌아가다)'가
있다.

例

❶ 彼女は風が強かったので傘を右の手に持ち替えた。
그녀는 바람이 세서 우산을 오른손으로 바꿔 쥐었다.

❷ あの選手はバットを短めに持ちかえて打席に立った。
그 선수는 배트를 짧게 바꾸어 쥐고 타석에 섰다.

❸ 左肩に怪我をしているために持ち替えることが困難だったのだ。
왼쪽 어깨에 부상을 입고 있기 때문에, 바꿔 드는 것이 곤란했다.

❹ スティックをくるっと回してうまく持ち替えながら、パスやドリブルなど
を行う。
스틱을 휙 돌려 잘 바꿔 잡으면서 패스나 드리블 등을 한다.

❺ 彼はそれを利き腕の左手に持ち替え、二十メートルほど離れた
若者に投げ返した。
그는 그것을 잘 쓰는 왼손으로 바꿔 잡아 20미터 정도 떨어진 젊은이에게 되 던졌다.

192 持ち掛ける

【意】 말 따위를 꺼내다, 말을 걸다.

【用】 持ち掛ける는 '話を出して働き掛ける'의 의미로, '話·相談·問題を持ち掛ける(말·상담·문제를 꺼내 들다/들고 오다)'처럼, 말을 꺼내 상대에게 무언가를 하는 경우에 사용한다.

【例】

❶ 君はいつも厄介な問題を持ちかけてぼくを悩ませる。
너는 언제나 귀찮은 문제를 들고 와서 나를 괴롭힌다.

❷ 市に相談を持ちかけたが、てんで相手にしてくれなかった。
시에 의논을 하려고 꺼냈지만, 전혀 상대해 주지 않았다.

❸ 資金提供を誰かに持ちかけたとしても、密輸方法の説明で困ってしまう。
자금제공을 누군가에게 제안했다 해도 밀수 방법에 대한 설명으로 곤란해지고 만다.

❹ 決して結婚を急ぐ年齢ではないのに、次から次へと縁談を持ちかけてくる。
결코 결혼을 서두를 연령이 아닌데 계속해서 혼담을 꺼내 들고 온다.

❺ 患者本人や家族などの周囲の人間に協力を持ちかけることも治療法の一つである。
환자 본인이나 가족 등의 주위 사람들에게 협력을 요구하는 것도 치료법의 하나이다.

193 >>> 持ち堪える

意 계속 유지·지탱하다, 버티다, 견디다.

用 持ち堪える는 'ある状態をそれ以上悪くならないように維持する'의 의미로, 어떤 상태를 더이상 나쁘게 되지 않도록 유지하거나 잘 참아 견뎌내는 경우에 사용한다.

例

❶ 城内では馬まで殺してその肉を食べてようやく命を持ち堪えていた。
성내에서는 말까지 죽여 그 고기를 먹고 겨우 목숨을 유지하고 있었다.

❷ 一歩歩くごとに膝が崩れそうになるのを持ち堪えなくてはならなかった。
일보 걸을 때마다 무릎이 무너질 듯이 되는 것을 견디지 않으면 안 되었다.

❸ 冬を持ち堪えたはずの体が春の陽気の変化には耐えられないようだ。
분명 겨울을 버텨낸 몸이 봄 날씨의 변화에는 견디지 못하는 것 같다.

❹ 他の試験では食事法を導入することでどこまで持ち堪えるかを比較した。
다른 시험에서는 식사법을 도입하는 것으로 어디까지 지탱할지를 비교했다.

❺ 風も北に変わってこの模様なら今日一日ぐらいは持ち堪えそうに思われる。
바람도 북쪽으로 바뀌고 이 상황이라면 오늘 하루 정도는 버틸 것 같이 생각된다.

194 持て余す

意 처치 곤란해하다, 힘에 겨워하다, 주체 못 하다.

用 持て余す는 '우まく扱うことができなくて, あるいは手に負えなくて困る'의 의미로, 물건이나 시간, 돈 등이 남아서 처치 곤란하거나 자신의 능력으로 감당하기 힘든 경우에 사용한다.

例

❶ 失業中の兄は毎日することがなくて体を持て余している。
실업중인 형은 매일 할 일이 없어서 몸을 주체 못하고 있다.

❷ 母はだれも食べたがらないお正月のおもちを持て余していた。
어머니는 아무도 먹고 싶어 하지 않는 정월 떡을 처치 곤란해 했었다.

❸ 世の中には金が有り余って持て余している人もいるのになあ。
세상에는 돈이 남아돌아 주체못하는 사람도 있는데 말이야.

❹ 乱暴者の息子を親もどう扱ってよいか分からず持て余していた。
난폭한 아들을 부모도 어떻게 다뤄야 좋을지 몰라 힘겨워하고 있었다.

❺ 年じゅう暇を持て余していますので、どうぞ遊びにいらしてください。
일년내내 한가한 시간을 주체못하고 있으니 부디 놀러 오십시오.

195 ≫≫ 守り立てる　□□□□

意　돌보아 키우다, 도와 제구실하게 하다, 보좌하다, 육성하다, 부흥(회복)시키다.

用　守り立てる는 '① 大切に守り育てる　② 援助して力が発揮できるようにする　③ もう一度盛んにする, 再興する'의 의미로, '主君を守り立てる(주군를 보좌하다)', '人をもり立てる(사람을 돌보다)', '運動を守り立てる(운동을 육성시키다)', '会社をもり立てる(회사를 부흥시키다)', '気分をもり立てる(기분을 북돋다)'처럼, 대상을 돌보거나 보좌·육성·부흥시키거나 북돋거나 하는 경우에 사용된다.

例

❶ 友達は沈んでいるぼくの気分を励ましの言葉で守り立ててくれた。
친구는 침울해 있는 내 기분을 격려의 말로 북돋아 주었다.

❷ ここまで私を守り立ててくださったファンの皆さまにお礼を申し上げます。
이제까지 저를 돌보아주신 팬 여러분께 감사를 드립니다.

❸ これらの消費者運動を守り立ててきたのは若い主婦や学生たちだ。
이들 소비자운동을 육성시켜온 것은 젊은 주부와 학생들이다.

❹ 私たちは潰れかけた会社を守り立て、どうにかこれまでにすることができた。
우리는 쓰러져 가는 회사를 다시 일으켜 세워 겨우겨우 여기까지 올 수 있었다.

❺ 前の藩士が亡くなったあと家老が後見となって幼い主君を守り立てていた。
전의 영주가 죽은 뒤 중신이 후견인이 되어 어린 군주를 보좌하고 있었다.

196 >>> 痩せ細る

意 여위어서 홀쭉해지다, 생활이 쪼들려 가다.

用 痩せ細る는 '痩せて細くなる'의 의미로, '栄養不足で痩せ細る(영양부족으로 바싹 야위다)', '心配で痩せ細る(걱정으로 바짝 마르다), 身代が痩せ細る(재산이 점점 쪼그라들다)'처럼, 몸이 여위어 가늘어지거나 걱정으로 마음이 말라 들어가거나 재산 등이 쪼그라드는 의미로 사용한다.

例

❶ 遠目に見た彼の姿はたいへん痩せ細っていた。
멀리서 본 그의 모습은 매우 야위어 있었다.

❷ 長病みして痩せ細った祖父の体は気の毒で見ることができなかった。
오랜 병으로 바싹 마른 할아버지의 몸은 불쌍해서 볼 수가 없었다.

❸ その目は顔が痩せ細って脅えきっているために、ますます大きく見えた。
그 눈은 얼굴이 바짝 말라 극도로 두려워하고 있어서 더욱더 크게 보였다.

❹ 枯れ木のように痩せ細った男がぼんやりと椅子に座ったまま彼女を見た。
고목처럼 말라비틀어진 남자가 멍하니 의자에 앉은 채 그녀를 보았다.

❺ 全身痩せ細っていて腹だけがこれ以上は皮が伸びないところまで膨れている。
전신은 바싹 야위어 배만이 더 이상 피부가 늘어나지 않을 상황까지 부풀어 있다.

197 寄り添う

□□□□

意　바짝 붙다, 달라 붙다.

用　寄り添うは '体が触れるほどぴったりと側に寄る'의 의미로, '恋人同士がぴったり寄り添っている(연인끼리 바싹 붙어 있다)'처럼, 바싹 다가가 붙거나 마음 등이 바짝 다가간다는 의미로 사용한다. 유사한 단어로 'くっつく'가 있다.

例

❶ 人気のない暗い夜道を二人は寄り添って歩いた。
인적이 없는 어두운 밤길을 두 사람은 바짝 달라붙어서 걸었다.

❷ 夕焼け空では一等星スピカに火星と木星が寄り添っている。
저녁노을 진 하늘에서는 1등성 스피카에 화성과 목성이 다가가고 있다.

❸ 急に一人で放り出されたような寂しさだけが、自分に寄り添っていた。
갑자기 홀로 내던져진 듯한 적적함만이 자신에게 다가와 있었다.

❹ 相手の同意を得て寄り添いつつ進む道を決定していくという方針である。
상대의 동의를 얻어 다가가면서 나아갈 길을 결정해간다고 하는 방침이다.

❺ 私は特に命を奪われ、あるいは負傷した人々のご家族に寄り添いたいと思う。
나는 특히 목숨을 뺏기거나 혹은 부상한 사람들의 가족에 다가가고자 한다.

割り当てる / 割り振る

[意] 할당하다, 분배하다, 배당하다.

[用] 割り当てる/割り振る는 '全体をいくつかに分けて各々に宛がう'의 의미로, '作業・部屋・時間・番号を割り当てる/割り振る'처럼, 무언가를 나누어 할당・배당・배분하는 경우에 사용하며, '割り当て'처럼, 명사의 형태로 사용되어 할당・배당의 의미를 나타낸다.

[例]

[割り当てる]

❶ 家では兄弟全員に家事が割り当てられている。
집에서는 형제 전원에게 가사가 분배되어 있다.

❷ 修学旅行の旅館では班ごとに部屋が割り当てられた。
수학여행의 여관에서는 반마다 방이 할당되었다.

❸ 物質はみな配給となり、その割り当ても次第に少なくなっていった。
물자는 모두 배급 되어 그 할당도 점차로 줄어들어 갔다.

❹ 募金は一軒の割り当てが決められて半ば強制的に徴収された。
모금은 한 집의 할당이 정해져 반은 강제적으로 징수되었다.

❺ もっと人員を増やせば、各人の仕事の割り当てが少なくなり楽になる。
좀 더 인원을 늘리면 각자의 일의 할당이 줄어들어 편해진다.

[割り振る]

❶ リーダーが作業を割り振ると、全員がいっせいに仕事にとりかかった。
리더가 작업을 배분하자, 전원이 일제히 일에 착수했다.

❷ 個々の委員は市政の特定の面について責任を持つよう割り振られ
ている。
개개의 위원은 시정의 특정 부분에 대해 책임을 갖도록 할당되어 있다.

❸ 宿舎に着くと、五人一組で部屋が割り振られ、私はTさんと一緒に
なった。
숙사에 도착하자 5인 1조로 방이 배당되어, 나는 T씨와 함께 있게 되었다.

❹ 点数はそれぞれの任務の難易度や成功か否かによって割り振ら
れ、与えられた。
점수는 각각의 임무의 난이도나 성공 여부에 의해 할당되어 주어졌다.

❺ グラウンドが狭いので、クラブごとに日にちや時間を割り振って共同
で使用している。
운동장이 좁아서 클럽마다 날짜나 시간을 나누어서 공동으로 사용하고 있다.

199 割り込む

意 비집고 들어가다, 끼어들다, 새치기하다, 시세가 어떤 값보다 떨어지다.

用 割り込むは '① 無理に割って入り込む ② 相場がある値段よりも下がる'의 의미로, '列・話に割り込む(열・이야기에 끼어들다)'처럼, 끼어들거나 새치기하는 경우 또는 기준 시세보다 떨어지는 경우에 사용한다.

例

❶ 二人が動こうとした瞬間、少女が二人の間に割り込んできた。
둘이 움직이려고 한 순간 소녀가 둘 사이에 끼어들어 왔다.

❷ 彼女はほんの少しドアを開けると、その間に身体を割り込ませた。
그녀는 아주 조금 문을 열고 그 사이에 몸을 밀어 넣었다.

❸ 二人の会話をじっと聞いていた加藤が突然話に割り込んで提案した。
둘의 대화를 가만히 듣고 있던 加藤가 갑자기 이야기에 끼어들어 제안했다.

❹ 男は急いでいたらしく切符売り場に並んでいる人の列に割り込んでいった。
남자는 바빴던 듯이 표 파는 곳에 줄 서 있는 사람들의 열에 비집고 들어갔다.

❺ 会話イベントの最中、相手の話に割り込むか否かの選択を迫られることがある。
회화이벤트 중에 상대 이야기에 끼어들까 말까의 선택을 요구받는 일이 있다.

200 >>>>> **悪びれる**

意 기가 죽다, 주눅 들다, 겁내다.

用 悪びれる는 '気後れがして恥ずかしがる, おどおどと卑屈に振る舞う'의 의미로, 기가 죽어 부끄러워하거나 겁먹은 듯 비굴하게 행동하는 경우에 사용한다. '~た'의 형태로 사용되거나 부정형으로 사용되어 무언가를 겁내지 않고 행함을 나타낸다. 비슷한 의미로 '怯む'가 있다.

例

❶ いくら叱られても彼女は一向に悪びれた様子を見せなかった。
아무리 혼나도 그녀는 조금도 기죽은 기색을 보이지 않았다.

❷ 本当にお前がやったのかと聞くと、少年は悪びれずにはいと答えた。
정말로 네가 한 것이냐고 묻자, 소년은 주눅 들지 않고 '네'라고 대답했다.

❸ きょろきょろと部屋を見まわしていたが、俺と目が合うと悪びれもせず笑う。
두리번거리며 방을 둘러보고 있었는데, 나와 눈이 마주치자 겁내지도 않고 웃는다.

❹ 淡々とした態度には悪びれた素振りも後悔している様子も見られなかった。
담담한 태도에는 겁먹은 기색도, 후회하고 있는 모습도 볼 수 없었다.

❺ 犯人が悪びれる様子が全くなかったことで死刑廃止を疑問視する声が挙がった。
범인이 겁내는 모습이 전혀 없었던 일로 사형폐지를 의문시하는 목소리가 나왔다.

색인

저자약력

모 세 종(인하대교수)

▌학력
- ○ 日)筑波大学(언어학박사 – 문법전공)

▌저서
- ○『日本語の時の表現の研究』J&C, 2017
- ○『바른 한국어 사용과 습득을 위하여』J&C, 2019
- ○『모세종의 오피니언』J&C, 2020

▌역서
- ○『아스나로 이야기』(井上靖, 新潮文庫, 1958) 어문학사, 2007
- ○『일본력』(伊藤洋一, 講談社, 2005) 어문학사, 2008
- ○『여학생』(赤川次郎, 新潮社, 1995) 어문학사, 2008 (2인공저)
- ○『미녀』(連城三紀彦, 集英社, 1997) 어문학사, 2011 (2인공저)
- ○『야회』(赤川次郎, 德間文庫, 1999) 어문학사, 2011 (2인공저)

▌학습서
- ○『朝日 신문사설 일본어』시사일본어사, 1999
- ○『朝日 신문사설 일본어-독해청해』시사일본어사, 2002
- ○『일본어 문형포인트 120』동양문고, 2008
- ○『예문중심 실용 일본어 문법』어문학사, 2011

High Level 일본어 동사 200 【복합어편】

초 판 인 쇄	2022년 09월 01일
초 판 발 행	2022년 09월 08일

저 자	모세종
발 행 인	윤석현
발 행 처	제이앤씨
책 임 편 집	최인노
등 록 번 호	제7-220호

우 편 주 소	서울시 도봉구 우이천로 353 성주빌딩
대 표 전 화	02) 992 / 3253
전 송	02) 991 / 1285
홈 페 이 지	http://jncbms.co.kr
전 자 우 편	jncbook@hanmail.net

ⓒ 모세종 2022 Printed in KOREA.

ISBN 979-11-5917-219-9 13730 　　　　　　　　　　　정가 18,000원